岩波現代全書

039

原典でよむ

渋沢栄一のメッセージ

Gendai Zensho
岩波現代全書

039

原典でよむ

渋沢栄一のメッセージ

島田昌和 編

Masakazu Shimada

序　維新の変革の中で自分の原点ができた――渋沢の定番トーク

渋沢は、論語を題材にした非常に多くの出版物を生前から没後に至るまで世に送り出している。論語の一部が引用され、時に渋沢の体験に基づいたエピソードが挟み込まれ、それはそれでたいへん興味深い。しかし全般的には道徳心、倫理観を訴え、やはり堅苦しい。それに比べ、来賓として招かれ、多くの人の前で話したスピーチは情熱的な語り口とウイットに富み、その講演録や速記録を読んでも、思わずその語り口に引きこまれる魅力にあふれている。これらは後に講演録として編集・出版されたものもあるが、これらの出版物は形を整えられ、脱線話をカットしていたりして、やはりよそいきの堅苦しさが感じられる。最も生の形と思われる速記録が渋沢を慕う人々の集まりである竜門社の会報『竜門雑誌』に掲載されており、これが渋沢の語り口をかなり忠実に伝えているようである。本書はこのような渋沢の実際の語り口に近いと思われるものをできるだけ取り上げ、彼が人々にどんなメッセージを伝えたかったのかを紹介する。

スピーチとは、その時代の置かれた状況やその時の聴衆がいかなる背景情報を事前に知っているかを踏まえて、行われるものである。よって、そのスピーチの聴衆が当時踏まえていたであろう情報をできるだけ補足する形で解説を付けるようにした。それを併せて読んでいただくことでその時の聴衆に近い形で渋沢が人々に伝えたかった熱意や思いを読者に感じてもらえるように心がけた。

渋沢のメッセージをテーマ毎に紹介していく前にまず彼の「定番トーク」を紹介しよう。ある程度歳を取ってくると、誰にもよく見受けられる「昔語り」である。渋沢も経済界の第一線を退いた後、多くの人を前にした挨拶や講演に際して、何らかの自分自身の昔ばなしをすることは実に多かった。渋沢は明治元年時点で既に二八歳になっていた。その後の、新政府の役人としてのさまざまな働き、第一国立銀行の立ち上げ、五〇〇社と言われる膨大な数の会社の立ち上げやその後の苦境の乗り切り方、六〇〇団体と言われる社会福祉事業や商業教育をはじめとする教育機関の育成など、それこそ誰もが聞きたいと思う波瀾万丈の、どれ一つをとっても前人未到の新境地を切り開いてきた。しかし、それらの逸話や苦労話をすることは実に少なく、それよりも圧倒的に多かったのは幕末・維新期を材料とした話であった。少年期の藍玉商売の経験、岡部の陣屋での代官による圧迫への疑問など、人生のスタート、その後の土台となるような逸話なども比較的登場することが多かった。中でもとにかく多かったのが一橋慶喜に仕えた時代のことであった。慶喜にしばしば会って直接会話できるほどの立場になく、幕末、京都にあって時代の変革の真っただ中に身を置いて、国を考え行動し多くの人のさまざまな考えに触れたことで、国家のために社会のために働きたいという、その後の重要な意識付けができた時期だったのかもしれない。大きく眼を見開かせてくれたという意味では欧州滞在の経験も大きいわけであるが、そこで何を見て何を感じたかよりも一橋家時代の話が多いのは少し驚かされるくらいである。

それではまず、その一端を示すスピーチをお読みいただきたい。

第一銀行定時株主総会に於て

私は元一橋慶喜公の深い恩遇を受けた者でございます。二十四の年に家を出て、二十五の二月に一橋の家来になつた為に、八十五歳の今日まで一身が存命出来るので、若しさうでなかつたならば、もう六十年前に自分の体は骨になつて居るのです。斯う考へますると、命を助けられたから慶喜公が有難いと云ふではありませぬ、人間は死なねばならぬ場合には何時でも死ぬが宜い、強ひて生を貪るべきではないけれども併し、道理のないことに身を捨てると云ふことは、決して讃めた話ではない、左様に一身を粗末にすべきものではないと考へる。即ち人の世に存在するからには、何なりとも国家の為になるのが人間の務めでありませう。果して然らば、其当時暴戻の考を以て或る事を企てたのは寧ろ心得違、之を取止めたのは一橋慶喜公——御自身ではない、其御家来の平岡円四郎と云ふ人に散々説得されて、遂に一橋の御家来になり、其以来全く方向を転じて、過激、急燥なることでは迚《とて》も行けぬ順路に頼る外ないと思うて、それから真に草履取から御奉公を継続致したのであります。然るに時勢は実に意外の変化で、私は一橋の御家をして、どうか相当な資格、相当な力を伸べさせたい、まだ封建時代の世の中でしたから、或は財政に、或は経済に、或は軍事に、小さい一橋を大きく盛立つて、日本に雄飛させたいと思うて、後から考へれば愚の至りでしたけれども——所が其中に一橋が将軍相続と云ふことになりました、それが慶応二年の八月でありました。宜くないと思うて頻にお止め申したけれども、どうも吾々は年も若いし位置も低い、説も行はれず、事が達せずして、遂に将軍になられた。一橋が将軍になつたら幕府は倒れると云ふことは、私には能く目に見えたやうに思ひます。私許りではない、具眼の人は皆さう見た。其年の冬、私は仏蘭西行を命ぜられ、丁度十二月頃でありました、日は忘れましたけれど、千八百六十七年の巴里に開かれる博覧会に、日本から使節を出して呉れ、而して其使節は成るべく若い人で、其任務を終つた後に欧羅巴《ヨーロッパ》に留学せしめて、海外の文物を充分吸収して日本の再興を図るやうにと云ふ、ナポレオンの徳川慶喜と云ふお人に対する注意で、徳川民部大輔と云ふ子供が仏蘭西《フランス》へ使節として行き、続いて留学せられると云ふことになつた。之に命ぜられて随行することになりました。丁度慶応三年の正月旅に立ちました。予て憂へて居る通り、必ず政変が留守中に起るであらう、敢てさう先見の明ある私ではありませぬけれども、心窃《ひそか》に憂へて居つたのです。暫くの間は、仏蘭西に博覧会がある、博覧会が済むと各国巡廻等のことで、多事でもあつたから忘れつゝ居りましたが、其年の十月十四日に大政奉還、続いて慶応四年即ち明治元年の一月四日に伏見鳥羽の衝突、斯う云ふやうな政変が続々として伝へ来つたのであります。而して其結果から、私共は明治元年、即ち慶応四年の十一月の初めに日本へ帰つて来た。それは初め留学の目的であつたけれども、徳川が倒れたから、其事の履行が出来ないで、余儀なく日本へ帰つて来たと云ふことは当然の話。扨《さ》て帰つて見ますると、慶喜公は駿河へ蟄居してござる。今申すやうな関係故に、取る物も取敢へず、其年の冬、東京の用事をしまうて駿河へ参りまして、密に拝謁を致して見ますると、実に世の中の変化と云ふものは斯うもあらうか、殿様が乞食になつたと云ふのは此事であらう。前申す通り、私の立つ時には、兎に角将軍様です、其将軍の有様は、洵《まこと》に畏《おそれおお》いことであるが、今日の陛下の御挙動をもされたと云ふやうな有様、葵の紋を著《き》る人を見ては大層羨《うらや》んだと云ふ世の中であつたのです。其将軍が駿河の宝台院と云ふ寺の庫裡の狭い所に蟄居してござる。私は立つ前には、将軍様として遠くの方から拝謁する位の身柄であつたのです。帰りましてから宝台院で、民部様のことに付て申上げねばならぬので推して拝謁を願つた。所が行灯の光、小さい火鉢に火の気が少し許《ばか》りある、十二月の初めのことです。謹んで坐つて居ると、小使か何か障子を開けたと思ふと、是が慶喜公。見すぼらしい有様で、しよんぼりとお坐りになつた。真に泣きました。只今も其有様を思出すと、慄《ぞっ》とするやうな気がします。不図見ると小使ではないのです。仰ぐ君公ですから、自ら平伏して、それからどうしても勢ひ多少の苦情を言はざるを得ぬので、何たるあさましいことでありませうかと、何やら女の愚痴のやうな事を申上げんとしまするると、勿論さうお親しくもないのですから、丁寧のお話のないのも当然でありますが、いやさう云ふやうな繰り事を聞かうと思つて面会したのではない、民部の模様が聞きたい為に、長い間附添うたお前だから、それで面会するのだ、既往の繰り事は止めて、民部の身の上の事だけ話して呉れ。一言訓戒的の御言葉を受けて、あゝ悪かつたと気が著いて、そこで民部公子の有様を申上げて引取つたと云ふのが、当時の有様であります。此に於て初めて私は、どう云ふお考へであるか、余りと言へば訳が分らぬ、去年の十月十四日に、申さば七百年続いた封建、三百年続いた徳川家の政権を、敝《やぶ》れ履《り》を棄てるやうに奉還せられた。其奉還は宜しいが、なぜ其翌年正月に兵を出されたか。又一度兵を出したら、さうあはてゝ引かぬでも宜い、七転び八起きと云ふことは商売にもある。そんなに吃驚《きっきょう》せぬでも宜いやうに思ふのに、直ぐさま回〔開〕陽丸で帰つて来て謹慎。余り辻褄が合はない。是は今お考へなすたら誰方でも分る話、殆ど常識ある人ではやらぬこと。然るにさう云ふ御行動があつたから、此処で一つ質問しようと思つたが、言ひたくないと云ふお話。其後自問自答、色々思案しまして、初めて慶喜公の御趣意が分つた。是は封建時代を王政に復古せしむるより外ないと云ふ覚悟を窃に定めて、さうして御自分の身を犠牲にして、所謂身を殺して仁を成したお人だと云ふことが能く分つた。

【出典】「第一銀行定時株主総会に於て」一九二四年一月二六日（渋沢青淵記念財団竜門社編　一九五五―六五、第五〇巻、二〇一～二〇二頁）。

元々渋沢は現在の埼玉県深谷に生まれた農民の子であった。身分制社会の江戸時代ではあったが、幕末の激動期の中で、武士身分を獲得し、このスピーチによくあらわれるように「武士」として「道理」や「世」のために働いているという意識を強く持つようになった。さらに「最後の幕臣」として恩義を被った徳川慶喜を強く慕い続けた。その意味では古くからの幕臣とは違った「慶喜公」その人への忠誠心を強く持った。慶喜が最後には我が身を賭けて新しい社会への扉を開いたと渋沢は理解し、慶喜をいつの日か復権させようと政府に働きかけ続けた。それは後日、慶喜の明治天皇との対面、爵位授与となって実現された。

強い慶喜への思いは、一面では関八州に生まれて幕府側として世に出た渋沢の、薩長に牛耳られる明治維新政府への反発の一面もあるかもしれないが、欧州渡航体験も含めて慶喜との交わりの中ではぐくまれた自分なりの視点による新しい近代社会・国家像を持ち、その建設に貢献したいという原点が、一橋家仕官時代に形成されたことを多くの聴衆に伝えたかったのだろう。

渋沢は思想家ではなく、その著述に一貫した彼の思想、理念の体系性が明確にあったわけではなかった。とはいえ財界を代表するオピニオンリーダーであり、その意味で言論人の側面も持ち、その時々の経済動向等への彼なりの見通しなどが表明された。渋沢がどのような経済見通しを語るのかへの人々の関心も高かったであろうが、さまざまな場面で人々が聞きたかったことは、誰よりも先見性をもって多くの会社を生み出し、さまざまな突発的なトラブルに対処してきた経験を踏まえ、教育や社会事業や国際関係といった社会のさまざまな関わりに対して、渋沢がどのようなメッセージを投げかけてくれるのかだったはずである。渋沢がどんな立場で、どんな近代社会を築こうとしたのかを、彼の投げかけたメッセージを通じて感じていただきたい。時代に先駆けたビジネスリーダーが直接語り掛けたメッセージの力を知り、現代にも普遍性をもつその気概や情熱、ものの見方から何らかのヒントを得ることができればと願っている。

なお、渋沢の詳しい生い立ちは、島田(二〇一一)第一章を参照されたい。


【参考文献】


島田昌和(二〇一一)『渋沢栄一　社会企業家の先駆者』岩波新書。

渋沢青淵記念財団竜門社編(一九五五—六五)『渋沢栄一伝記資料』〔全五八巻〕、渋沢栄一伝記資料刊行会。

目　次

各部扉写真提供＝渋沢史料館

凡　例

1　本書で紹介した渋沢栄一の原典は、その時々に行われた講演、スピーチ、記者取材等を基にした速記録、講演録、新聞・雑誌の談話等である。それらの中には漢字、仮名遣い等が不揃いの場合もあるが、そのまま収録した。

2　原典においては、旧字体は基本的に新字体に、カタカナは固有名詞、外来語を除きひらがなにした。

3　〔　〕は、編者の注記、補訂である。

4　原典の難読語には、適宜編者がルビを振った。この場合〔　〕は付していない。

5　編者の解説は、原典の前後に、本文より二字下げ、ゴチック体でポイントを下げて配した。

第Ⅰ部

会社組織のメッセージ

大蔵省出仕時代
（1869～73年）

「論語と算盤」、社会事業や商業教育への絶大な支援、国際交流での活躍。それらはどれも渋沢栄一のビジネスマンとしての活動とその社会的な評価があってのことであることは言うまでもない。しかしながら、ビジネスのさまざまな局面でどんなポリシーを持ち、どんな対処をしたかは現代においては意外に知られていない。

第Ⅰ部においては、株式会社制度、銀行業、株主総会、企業の政府依存体質など、それぞれにさまざまな意見や立場に分かれる問題に対して、渋沢が人々にどのようなメッセージを投げかけたのかを見ていこう。

第1章　官尊民卑の打破は合本法で生み出す

渋沢栄一と言えば、「論語と算盤」や「道徳経済合一説」といったビジネスに公益を求めた言葉が有名である。しかしながら、これらの言葉は渋沢の生涯の後半生になって用いられ始めた言葉であった。渋沢は一八七三年に大蔵省を辞め、第一国立銀行の総監役（後に頭取）として民間ビジネスマンの第一歩を歩み始めるわけだが、そこで実現したかったものは彼が使い始めた「合本組織」という考えであった。渋沢自身は「合本組織」や「合本法」という表現を用いたが、後にそれは周りの人々によって「合本主義」と呼ばれるようになった。渋沢が自らが民間ビジネス界にあって実現したかった「合本組織」とは何なのだろうか。それを渋沢自身の言葉に現れるメッセージから読み解くことから始めたい。

渋沢は一八六七年から六八年にかけて将軍徳川慶喜の弟昭武の随行員としてフランス・パリを中心にヨーロッパに滞在した。帰国後一八六九年から七三年にかけて明治新政府に出仕し大蔵省で高級官僚として働いた。その間の一八七一年にヨーロッパでの見聞をもとに『立会略則』という書を著わし、いわゆる会社組織の導入を主張した。日本ではじめていわゆる会社組織がどういうものかを紹介したこの書の中で渋沢は、例えば「差配人取扱人等の選挙は、其会の大小に応じ相応の身元ありて、多数の金を出し多くの株数を所持するものに限るべきなり」と、取締役等は大株主から選ばれなければならないと述べている。さらに「商社は会同一和する者の、倶《とも》に利益を謀り生計を営むものなれとも、又能《よ》く物資の流通を助く、故に社を結ぶ人、全国の公益に心を用いん事を要とす」と表現するように、私有される組織でありながらも会社はそこに参加する人々に利益をもたらしそこで生計をたてさせるものとなるが、物資の流通に関わるのであるから全国の公益を考えなければならないと述べ、会社組織が公益性を求めたものである主張を盛り込んでいる。

会社制度の創始

元来商工業に就て国家の富を図ると云ふ其志す所はそれで善いが、事実其事に効能があつても、それに従事する人に利益がなかつたならば、其事は決して発達せぬのである。福沢諭吉氏が『大変に心を尽し興味を帯びて書いた書物でも多数の人が沢山見る書物でなければ其実世の中を裨益《ひえき》せぬものである。それ程力を注がぬ書物でも社会の人が沢山見るものはそれだけ効能も多い』と云つたことがある。至つて卑近の説で敬服し難いやうにもあるが、或点から云ふと大いに道理がある。実業も尚ほ其の通りで、之を世の中に拡めやうと云ふのに、利益なくして拡めることは到底出来ないから、どうしても此商工業に従事すると云ふにも、商工業者が相当なる利益を得て発達すると云ふ方法を考へねばならぬ。其の方法は如何にして宜いか、一人の智慧を以て大に富むと云ふが、己自身は仮に其智慧があつたならば富むかも知らぬが、極端に云へば、それでは一人だけ富むので国は富まぬ。国家が強くはならぬ。殊に今日全体から商工業者の位置が卑しい、力が弱いと云ふことを救ひたいと覚悟するならば、どうしても全般に富むことを考へるより外はない。全般に富むと云ふ考は、是は合本法より外にない。故に株式会社の組織に専ら努める外ないと云ふ考を強く起したのである。大蔵省に居つた時分に『立会略則』『会社弁』などの書物を作つたのも、右の意念からであつて、其事は今日斯くまでに為し得ると云ふ理想は持たなかつたけれども、今に会社法に依つて日本を富まさう、商工業者の位置を進めやうと思つたことは少しも忘れはしない。而して会社を組織して行くには、如何なる手段があるかと云ふことは、是も私は最も考へたことである。自分等は法律は能く解らず、政体などのことにも甚だ疎い。併《しか》しながら例へば立憲とか独裁とか或は共和とか、凡ての政体の差別は心得て居つたが、恰度《ちょうど》此の会社の組織は一の共和政体のやうなものであり、株主は猶《なお》国民のやうなものである。選まれて事に当る重役の仕事は、大統領若くは国務大臣が政治を執るやうなものである。果して然らば其職に居る間は其会社は我が物である。而して其職を離るゝ時には、それこそ直ぐさま弊履《へいり》を捨つるが如き覚悟を持つて居らねばならぬのである。故に会社の事業に従ふ者は、其会社を真に我が物と思はなければならぬ。又或る場合には全然他人の物と思はなければならぬ。其権衡《けんこう》を誤ると会社を安穏に維持する事は出来ない。斯く申せば少しく自惚口上になるが、自分は右の心を一日も忘れずに隠退するまで第一銀行に奉職した積りである。幸に株主から一度も苦情を受けたこともなく、又自分が職務を動かされやうとも、動かうとも思ふたことのないのは、或は僥倖《ぎょうこう》でもあつたらうが、明治三、四年頃大蔵省に居つて、会社を起さねばならぬと思付くと同時に、会社を経営するのは、斯かる覚悟でなければならぬと思ふた念慮が、始終脳裏に存した為であると云つて宜からうと思ふ。

【出典】「会社制度の創始」（財団法人龍門社編『青淵先生訓話集』財団法人龍門社、一九二八年、二二三～二二六頁）。

その後さまざまな場面で渋沢は「合本」という考えについて言及していく。いくつかの発言から渋沢の主張する「合本」を説明しよう。まず、「合本」が必要と考えた理由は何かを述べている。つまり個人ひとりが豊かになっても国家全体は強くならない。商工業者の地位が低く、それを是正するには全体として豊かになることを考えなければならない、そのためには株式会社組織を根付かせなければならないと渋沢は主張している。すなわち、遅れて近代化に取り組み始めた日本にとって国全体の産業が近代化するためには、低い地位とみられていた商工業者の地位を高めることが必要であり、そのために合本（株式会社）という手法で取り組むべきと考えたのである。

さらに会社組織は一種の共和政体のようなものであり、株主は国民のようなものであるとも述べている。会社組織にはさまざまな意見を持った多くのものが参加しているので、経営には標準が必要であり、それは論語に基づいた道理正しい経営であると表明している。ちなみに、同じ文章のなかで、論語の利用は会社に携わる人々の共通的な指針としての一般的な道理としてちょうどよかったので採用したということも述べている。

道徳経済合一説

聞く所に依れば、経済学の祖英人「アダム・スミス」は「グラスゴー」大学の倫理哲学(moral philosophy)教授であつて、同情主義の倫理学を起し、次いで有名なる富国論を著はして、近世経済学を起したと云ふ事であるが、是れ所謂先聖後聖其揆を一にするものである。利・義合一は東西両洋に適する不易の原理であると信じます。又子貢の問に「如有〔能〕博施於民《もしひろくたみにほどこし》。而能済衆《しこうしてよくしゅうをすくう》何《あらば》如《いかに》。可謂仁乎《じんというべきかと》。子曰何事於仁《なんぞじんをこととせん》。必也聖乎《かならずやせいか》。堯舜其猶病諸《ぎょうしゅんもそれなおこれをやめり》。」とあります。故に若し此仁義道徳が「飯蔬食《そしをくらい》。飲水《みずをのむ》。」のみであるならば、「博施於民《ひろくたみにほどこし》。而能済衆《しこうしてよくしゅうをすくう》。」といふ事は怪しからぬこと、言はなければならぬ。然るに「何事於仁《なんぞじんをこととせん》。必也聖乎《かならずやせいか》。堯舜其猶病諸《ぎょうしゅんもそれなおこれをやめり》。」と答へられて、仁どころではない、それは聖人も尚為し兼ねることだと言はれた。詰り「博施於民《ひろくたみにほどこし》。而能済衆《しこうしてよくしゅうをすくう》。」といふのは、即ち今日我　聖天子のなさるゝ事である。少くとも王道を以て国を治むる君主の行為である。故に国を治むる人は、決して生産殖利を閑却する事は出来ないと私は堅く信じて居るのである。

私は学問も浅く能力も乏しいから、其為すことも甚だ微少であるが、唯仁義道徳と生産殖利とは、全く合体するものであるといふことを確信し、且事実に於ても之を証拠立て得られる様に思ふのでありますが、是は決して今日になつて云ふのではありませぬ。第一自分の期念が、真正の国家の隆盛を望むならば、国を富ますといふことを努めなければならぬ。国を富ますには科学を進めて商工業の活動に依らねばならぬ。商工業に依るには如何にしても合本組織が必要である。而して合本組織を以て会社を経営するには、完全にして鞏固《きょうこ》なる道理に依らねばならぬ。既に道理に依るとすれば其標準を何に帰するか、是は孔夫子の遺訓を奉じて論語に依るの外はない。故に不肖ながら私は論語を以て事業を経営して見やう、従来論語を講ずる学者が仁義道徳と生産殖利とを別物にしたのは誤謬である。必ず一緒になし得られるものである。斯う心に肯定して数十年間経営しましたが、大なる過失はなかつたと思ふのであります。然るに世の中が段々進歩するに随つて社会の事物も倍々発展する。但しそれに伴ふて肝要なる道徳仁義といふものが共に進歩して行くかといふと、残念ながら否と答へざるを得ぬ。或る場合には反対に大に退歩したことが無きにしもあらずである。是は果して国家の慶事であらうか。凡そ国家は其臣民さへ富むなれば、道徳は欠けても仁義は行はれずともよいとは誰も言ひ得まいと思ふ。蓋《けだ》し其極度に至りては、遂に種々なる蹉跌《さてつ》を惹起《じゃっき》するは知者を俟《ま》たずして識るのである。而して其実例は東西両洋余りに多くて枚挙するの煩に堪へぬ。斯う考へて見ますと、今日私の論語主義の道徳経済合一説も他日世の中に普及して、社会をして玆に帰一せしむる様になるであらうと行末を期待するのであります。

【出典】「道徳経済合一説」レコード吹込み、一九二三年（高橋毅一編『青淵先生演説撰集』一九三七年、竜門社、三〇五～三〇九頁）。

渋沢がアダム・スミスの『道徳情操論』に言及していることで有名なラジオ放送があるが、そこでも同様の主張が繰り返された。すなわち、真に国家を興隆させるためには国を豊かにしなければならない、国を豊かにするためには科学を進歩させ商工業を盛んにしなければならない、商工業を盛んにするためには人々が資金を出し合う株式会社組織が必要である、株式会社組織で会社を経営するためには強い道理を持たねばならない、との一節である。

ただ、渋沢が構想した合本主義は欧米型を原型としつつも、独自の解釈が加わっているように思える。すなわち、株式会社は公共的（パブリック）なものであるという考えが色濃く反映され、市場型の株式会社は特定個人のものでないと位置づけられ運用された。公共性を伴った株式会社は〝官尊民卑〟を打破するための拠り所のようなもので、「官」に対して「民」の力を蓄え、底上げしていくために、〝民間パブリック〟を支えるモラルを重視し、同時に近代教育を授かった人々によって担われることを再三強調し行動した。民間パブリックには新旧のあらゆる階層が結集する必要があったので、モラルの説明には最大公約数として旧来からの「論語」を用いた。

渋沢は多くの会社や銀行を設立し、財界のかじ取り役や企業家の社会貢献活動の先導役を務める一方で、「合本主義」の言葉を用いながら日本に株式会社制度を普及させた。彼は多くの会社の設立を発起し、自らの出資を含めて会社の設立を主導した。地主や商人といった富裕層の資金を株式会社に誘導し、多くの経営者を実地の経営の中で育成していった。多くの資金と人材が出入り可能な市場型の経営モデルを導入した。さまざまな利害が錯綜する大株主や経営陣を取りまとめて市場型の株式会社を安定的に運用するためにはさまざまな工夫が必要であった。渋沢が多様な経験の中から編み出した手法として、ビジネスに適合的な会社形態の選択や市場の信用創造機能を生かした資金創出手法などがあった。

一方で明治期の日本では、財閥という資本面でも組織面でも閉鎖的な企業グループが大きな力を持っていた。財閥は欧米に留学経験を持ち近代的な知識を身に付けた大学卒等の高学歴のエリートをスカウトし、急速な近代化の推進役になった。企業の設立資金は財閥とそのファミリーの資金で賄われ、一般の資金が入ることはほとんどなかった。

一見すると渋沢の市場型モデルと、資本面でも組織面でも閉鎖的な財閥モデルは真っ向から対立する相容れないようでもあり、実際、それぞれの業界で強力なライバル同士であった。しかしながらよく見てみると、渋沢の市場型モデルに参加する財閥の経営者も多数存在し、渋沢自身が財閥系の企業に役員として関わることもあった。人的にも資金的にも一部では両モデルに交流があった。

明治期の市場型の会社は、異なる利害を追求する株主間や異なるバックボーンを持つ経営陣の間で多くの軋轢を経験し、その中から錯綜する利害間の共通利害を見出す方向性が定着し、それが企業に長期的な視点を与えていった。長期的な利害追求の基本姿勢は二つのモデルに関わる経営者によって伝播し、共有されるようになっていった。長期的な共通利害は後発で近代化を進める日本の国益にも重なる部分があるが、それ以上に大株主の間で見出された点に大きな意味があった。

【参考文献】

橘川武郎、島田昌和、田中一弘編著(二〇一三)『渋沢栄一と人づくり』有斐閣。
橘川武郎、パトリック・フリデンソン編(二〇一四)『グローバル資本主義の中の渋沢栄一――合本キャピタリズムとモラル』東洋経済新報社。
渋沢栄一述(一八七一)『立会略則』大蔵省。

第2章　殖産興業のための商業金融路線の確立

渋沢のビジネスの中心と言えば、それはやはり第一（国立）銀行であることに異論はなかろう。渋沢の兜町の事務所は第一国立銀行のすぐ脇に立地し、午前中、渋沢が関係する各社の支配人や専務取締役との面談をこなし、昼前後から第一国立銀行にほぼ毎日欠かさずに出勤していた行動からも、渋沢にとって最初に取り組んだ第一国立銀行の重要性は、他の会社とは比較にならないものがあろう。

さまざまな近代産業を育成していった渋沢がいかなるビジョン・視点を持って自らの中心事業として銀行業を経営していたのかをこの章では見ていこう。まず渋沢と近代的銀行業設立の足がかりから見ていかねばならない。

それは渋沢が一八六九年に新政府に出仕し、大蔵省租税正に任じられたところから始まる。当初、新政府では由利公正が財政を担当し不換紙幣を大量に発行し、財政を大混乱させていた。それに対して一八六九年の三月に大隈重信が会計官に就任し、木戸孝允を後ろ盾に伊藤博文や井上馨などの長州閥と組んで急進的な開化政策を遂行する維新官僚グループを形成して実権を握っていた（井上 二〇〇六、坂野 二〇〇七）。

不換紙幣の価値減価、流通不振に対処するために政府は一八七〇年一一月初めに伊藤博文、芳川顕正、福地源一郎ら二一名を国立銀行制度調査のために渡米させた。一八七〇年一二月末には、彼らから金本位制度の確立、金札引換交換証書の発行、紙幣発行会社の設立を基本とする建議書が届いたのであった（渋沢青淵記念財団竜門社編 一九五五―六五、第二巻、二七七〜二七八頁）。

この提案に沿って一八七一年五月に円を単位とする金（銀複）本位制の貨幣制度を定めた新貨条例が公布された。渋沢はその起草に携わり、同時に、同年六月には合本主義、会社制度を啓蒙した『立会略則』を著わしている。近代的な銀行業や会社制度の準備をし、欧米で見聞した知識を体系的に理解することで、心境に大きな変化が表われた。自らが「民間に下って実業界の第一線に立とうと決心した」と述べるように、大隈、伊藤らに辞意を示しながら慰留される日々が続いたのであった（渋沢 一九九七、一六六〜一六七頁）。政府内は、不換紙幣である太政官札に代わって兌換紙幣を発行するため、その原資を三井などの豪商らの資金に頼り、発券機能を持った銀行の設立を進めることで足並みを揃えていった。一八七一年末にその銀行を米国流のナショナルバンク制度とすることが決定し、年明けから渋沢を中心として国立銀行条例の起草が着手された。形態は真新しいが三井を中心にした豪商頼みの銀行設立に変わりはなかった。

少し遅れて一八七二年二月に豪商の小野組もバンクの設立を請願した。大蔵省の方針は合本による発券銀行の設立に傾いていき、一八七二年三〜五月頃の時期には三井と小野に対して合同での銀行設立を提案している。渋沢が中心となって制定準備がなされた国立銀行条例は、一八七二年六月に成案となり、同年一一月に公布された。民間資金を活用しながら特定商人に依存しすぎない新たな貨幣金融モデルの姿がだんだんと形になっていった。

一八七二年九月には三井と小野の双方から頭取、取締役等を同数対等に出す人選が決定し、一一月一五日の国立銀行条例の公布後、新聞にたびたび株式募集の公告が掲載された。このタイミングで渋沢は一八七三年五月七日に井上とともに大蔵省に辞意表明して五月二三日に退官した。第一国立銀行は六月一一日に創立総会を開催し、三井と小野組がそれぞれ一〇〇万円ずつを出資し、一般からの四四万円余の出資を加えて、二四四万円余の資本金で発足した。この時、渋沢から「別段の申合規則」が諮られ「毎事を監正する役員」を置くことが決定した(「渋沢自叙伝」では「銀行当事者は渡りに舟とばかりに私に頭取就任を慫慂した」と表現されている(渋沢　一九九七、二二二頁))。この総監役は頭取以下諸役員に対する監督官であり、重役会議の議長になるポジションであった。総会の翌日に契約が交わされ、渋沢がこの総監役に就任した。

銀行は八月一日に開業式をおこない正式に発足した。本店は三井組が為替座として建築していた旧三井組ハウスとし、大阪、神戸、横浜に支店を設けた。もちろん紙幣発行と普通銀行業務をおこなったが、大蔵省その他の官金出納事務が収益、業務ともに大きかった。旧来の商人たちは、すぐにはこの新しい国立銀行という仕組みを理解せず、取引関係を取り結ぼうとは考えなかった。

同行が株式会社制度を取りながらも「実質上は三井・小野両組の同族会社たる性格」と評されるように両大株主に対する無担保放任貸し出し、特に小野組の放漫経営によって、すぐさま危機を迎えることになる(加藤、大内編著　一九六三、二五頁)。

小野組とは、もともと近江商人の流れをくみ上方と南部盛岡を拠点に砂金やさまざまな物産を扱い、あわせて酒造業や質屋も兼営していた。三井や島田組とともに新政府の為替方に任命され、収納した無利息資金の運用や収納した貢米の売買差額で巨利を得ていった。小野組では小野善右衛門(西村勘六)が銀行部を総理した。勘六は奉公人の出身で、新政府成立の混乱の中、小野家の主人筋に昇進した。勘六改め小野善右衛門が無担保で第一国立銀行から借り入れ、製糸や鉱山、米や油などの相場に資金をつぎ込んでいったのであった（宮本 一九七〇、二二三〜四一頁）。そして、一八七四年一一月、自家で取り扱う官金出納事務分の担保提出（取扱量の三分の一）の求めに応じることが出来ずに小野組は破綻し、銀行までも早々に危機を迎えた。第一国立銀行から小野組への無担保貸し付けが七一万円余、それと小野組並びに番頭古河への貸付が六一万円余、合計して一三〇万円以上貸し付けられていた。渋沢の尽力によって小野が保有する第一国立銀行の株券八四万円、その他の倉庫内の商品などの資産を回収し、損失を二万円弱と最小限に留めた（第一銀行八十年史編纂室編 一九五七、一九〇〜一九四頁）。

一八七五年一月には一〇〇万円を減資して重役を改選し、統監役を廃止して渋沢が頭取となった。減資の内訳は、小野組貸金抵当としての小野組保有株式八四万円、三井に譲渡された小野組保有株式一六万円であった。また四か所あった支店のうち二か所を閉鎖し、大阪と横浜のみを残した（同、一九九〜二〇一頁）。続いて同月には大蔵省官金出納事務取扱が停止された。

第一国立銀行に固有の事情もあったが、根本的には兌換券発行の困難に基づく営業資金の不足が問題であった（加藤、大内編著 一九六三、四六頁）。佐賀の乱や台湾出兵などが続いて物価が上昇して金融逼迫となり、銀行の正貨が流失して引替準備金の不足から紙幣発行中止へ追い込まれた。渋沢らは正貨兌換による紙幣発行制度の廃止を請願し、一八七六年八月に紙幣発行の準備を正貨から政府紙幣へと変更する改正国立銀行条例が公布された。これによって第一国立銀行の経営が上向くばかりでなく、秩禄処分によって下付された金禄公債証書による銀行設立が可能となって、一八七九年二月の第百五十三国立銀行に至るまで多数の銀行が設立された（朝倉 一九八八、三五〜三六頁）。

ここで紹介するのは、一八七九年一月一九日の第一国立銀行の株主総会での渋沢のスピーチである。

第一国立銀行第十三回株主総会要件録

余は又将来の方向に関して聊《いささ》か爰《ここ》に意見を陳せん、凡そ事業の易き者は其効速にして而《しか》して大に難きものは其効遅くして而して小なり、速と大とは人の喜ふ所にして遅と小とは人の嫌ふ所なり、是を以て其易き者は人争て之に趨《はし》り難き者は人皆之を避く、是固に已《や》むを得さる所の情勢なり、然りと雖も我邦の如き開化後進の地に在て人皆其易き者を之れ勉め難き者を之れ避くるに於ては殖産富国の大業は其れ何れの日を待て而して興起するを得へきや、余嘗《こころみ》に既往に溯つて熟ゝ《つくづく》当銀行の成跡を通観し来て大に此に感する所あり、

夫れ当銀行の開業は実に明治六年八月一日を以てし、当時未た世上の商估に信任を得るの暇あらさるを以て唯専はら官府の為替及出納の事を営み、其他僅かに確実の抵当に依て貸付を為し及ひ公債証書を収買する等の事に従ふのみなりし、越て七年の下季に至りて府下有名の豪商両三輩陸続として鎖店するの不幸に遭ひ、世上騒然として商業の憑信頓《にわ》かに地に墜ち、金融の便忽《たちま》ち否塞するを以て、当銀行の如きも殆んと危急の勢に迫れり、幸に救護其宜を得て纔《わずか》に当日を維持するを得る、爾来営業の局面を狭めて唯一意に其持久の策に拮据せり、然りと雖も徒らに退守を事として進取の気象を失ふときは其退守たるも亦全きを得へからさるの理に従ひ、勉て警戒に処ると雖も復た専はら事務の伸張を謀り、日夜焦心苦慮して曽て頃刻も之を怠る者なし、

明治九年に迄て世上商情大に進運し、且余か爾来勤勉の効も亦 聊《いささか》 応報する所あるを以て当銀行

の信依は大に世に顕はれ主顧の数次第に増加し、復た惟た前日の如く痛く警戒を加ふるのみにあらすして漸次に営業の局面を開張して当座貸借の方法を敷衍《ふえん》し「コルレスポンデンス」の約束を設け、荷為替の科を置き随《したがっ》て又荷為替物品海上受合の方法を創め、支店を釜山浦に開き上海と香港とに代理店を設け大に以て公衆の利を図れり、凡そ此数項を開設する者は僅かに両三年間に在て而して昨年に至ては主顧の数益加はり事務尤も盛大に就き今日支店出張所等の在る処を数ふれは横浜・大坂・西京・神戸・盛岡・宮城・石ノ巻・釜山浦の八ケ所と為し、約束によりて為替の取組を為すを得るの他店は本支店を合せて五十四ケ所と為し、又約定を以て当座預け金及ひ其貸越を為す者は本支店を合せて弐百四拾三人と為す、此の如く関係の大に及ほす所を以て之を見れは当銀行の世間に効益を与ふるは必す浅小ならさるを信すへきなり、又顧て成業の現況を察すれは諸預り金の総額は本支店を通して実に四百四拾九万弐千三百七拾三円五拾壱銭の巨額にして、之れを株金と比較すれは大約三倍の多きに在り、故に利益の如きも既に十分の積立を為し、而して猶年壱割六分の割賦を為すを得たり、是誠に盛昌と称して諸君と共に慶賀すへき所にして、

而して余は之を以て未た足れりとする能はさるものあり、今若し余か経営したる所を問へは既に前に陳するか如くにして其効を致すや当初の目的に達せりと雖も、要するに是れ事の最も易き者なり、決して国益の最も大なる者と為すに足らさるなり、若し夫れ徒らに其奏効を期して但た事の易き者を択んて以て苟《いやしく》も小成に安んし、而して経世の根理如何を顧みさる者は余か心に快然たらさる所なり、蓋《けだし》経済の業たる其域極めて闊《ひ》ろしと雖《いえど》も之か条節を大別すれは則三項と為《なす》、曰金融、曰商

売、曰興産是なり、而して今日我邦に在て孰《いず》れを易しとし孰れを難しとすと謂はゞ、金融を最も易しとし、商売之に次き、興産最も難しとなす、見るへし当銀行の如き余の不肖を以て叨《みだ》りに頭取の任を辱しめ僅々五年余を経たるの今日にして年壱割六分の割賦を為す如き著しき進歩の効を奏するにあらすや、請ふ眼を転して世間商売の景況を看よ、鋭意励精して以て事に従ふ者あるや固より少なからすと雖も、其効を奏する確著なる者に至ては実に晨星《しんせい》の寥々《りょうりょう》たるか如きのみ、請ふ又転して興産の情態を看よ、製糸なり抄紙なり工作採礦の物業に至るまて其能く当初の目的に違はすして応分の利益を生する者は果して幾許かあるや、或は得失相償《あいあがな》はすして徒らに浩歎《こうたん》に附し、去る者も亦少なからさるなり、是豈《あに》彼に従事する者は皆悉く智能にして此に従事する者は皆悉く愚蒙ならんや、商売興産の難き之を以て知るへきなり、然則其難き者を避けて易き者を営むときは我邦の昌運旺盛の度に達するを得るは其何れの日を俟て之を期すへきそや、

余は是を以て将来当銀行を経営するは惟《た》た利益の饒《おお》きを之れ務めす、広く全国の得失に注意し、苟も事の確実にして国益を裨補《ひほ》すへき者に於ては縦令《たとい》其貸付の利足を減殺するも尚之を助成すへき者とすへし、約して而して言へは惟た尋常一様の貸付に専務とせすして漸く金融を興産の途に給せんと欲するに在り、再ひ約して而して言へは独り銀行の利得のみを図らすして広く全国興産の業を助けんと欲するに在り、余今や幸に之を諸君に陳述するの時に逢ひ喜ひ禁《おさ》えさる者あり、諸君倘《も》し余を以て猶当銀行の頭取に置かんと欲せは願くは余か爰《ここ》に陳述する所を以て尽く余に任放する処あれよ

【出典】「第一国立銀行第十三回株主総会要件録」(渋沢青淵記念財団竜門社編 一九五五―六五、第四巻、三九六～三九七頁)。

渋沢の発言からは開設当初の混乱を乗り越えて殖産興業のために積極的に支援していく銀行の姿勢が実に印象的である。確かに第一国立銀行は官公預金の比率が減少する一方で、一般からの預金が増大し、この時期の一〇年間を通じて二・六倍にふくらんでいた(加藤、大内編著 一九六三、四七～六五頁)。貸し付けも活発におこなわれて一時期預金額を上回る時期もあるが、概して預金額に見合った貸出額であった。その抵当は公債、有価証券、諸商品、地金銀などであり、主として商人に貸し付けられた商業金融であった。その他に当座預金貸越、割引手形、荷為替手形、為替約定などを盛んにおこなっていたことが確認できる(同、七二～八四頁)。

渋沢は銀行が私利のみを追求するのではなく、広く国益となるような殖産興業への積極支援を表明した上で、頭取への再任を株主に求めた。早い段階から公益追求を会社組織や銀行の使命と宣言した、高邁な精神と言えよう。だがこれをきちんと支えてくれたのが、会社に短期的な資金を融資し、さまざまな取引上の支援を提供する商業銀行の路線であった。この路線を推進したのは、特に佐々木勇之助支配人であり、大蔵省顧問のアレキサンダー・シャンド(A. Shand、一八四四年生まれ、一八七二年から大蔵省の顧問、一八七七年にイギリスへ帰国)の指導によるところが大きかったように思われる。渋沢はシャンドをして「日本に於ける銀行事務の基礎をつくった」人物と評している。その具体的貢献は『銀行簿記精法』をシャンドが執筆し、一八七三年一二月に刊行したことである。この書は「一八六四年アメリカで制定されたナショナル・バンク・アクトの趣旨に従って立案された国立銀行条例に準拠して設立された国立銀行に適当と考える諸帳面書体および申請書を作成するために著されたもの」であり、まさに「わが国銀行業の統一簿記制度を生成するにいたった直接の要因となった」複式簿記の伝習書であった。大蔵省の役人と第一国立銀行行員はシャンドを招聘して行内に稽古所を開設し、幹部として期待された佐々木勇之助、熊谷辰太郎らがまず直接銀行簿記法について講習を受けた（第一銀行八十年史編纂室編 一九五七、一七七〜一七八頁）。渋沢がしばしば語るシャンドの印象として「手堅く厳格な銀行家」という側面がある。例えばシャンドに対し「人としての幅の狭い人であったから、日本銀行界の恩人であるが、余り有難がられぬ。ただ帳面など厳格に調べる人で、第一銀行でも三度ばかり検査された」と語っていたり、「シャンドと云ふ人は余程綿密で、悪く申せば干渉であった」との表現もしている。

しかし、渋沢がシャンドの厳格な銀行検査等を必ずしも忌避していたわけではない。「成るだけ金融を為すは性質を審かにして置かなくちやならぬ。（中略）唯だ利息が取れる、元金が返るのだ、それ以上は何でも構はぬ、と云ふ主義は銀行者の取るべきものではない、此金はどのやうな所に向くのであると云ふ事だけでは、如何に堅固な得意先でも知つて置く必要があると云ふことは、根本の道理である」と述べ、また「「政治を知つて政治に携はらぬこと」とか、「事務を手早くしても叮寧に」とか「借りに来た人は断つても不快の思ひをさせぬこと」とか、中々味はふべき言葉があり、私などはそれを守らうとした」とあるように銀行業の根本をシャンドから大いに吸収したことがわかる（土屋 一九六六、一〇七頁、「雨夜譚会談話筆記」渋沢青淵記念財団竜門社編 一九六六―七一、別巻第五、五三六頁）。

支配人の佐々木勇之助は、一八五四年浅野家の江戸深川邸に仕える武家に生まれた。明治維新を迎え父は商売につくが失敗し、勇之助は人の紹介で実質的に三井家が運営する新政府の金銭出納を担当した「為替方」に入ることができた。その縁で、設立と同時に第一国立銀行の行員となり、渋沢に認められて「銀行伝習生」に選ばれ、シャンドから西洋簿記を直接習う数名の一員となった。一八七五年に帳面課長、一八八二年支配人、一八九六年取締役、一九〇六年総支配人、一九一六年渋沢の引退に伴い頭取に就任した(加藤 一九七〇、一四〇～一四五頁)。

佐々木はシャンドから西洋簿記を学んだだけでなく、イギリス風の商業銀行の考え方をも学んだと言われており、堅実主義を第一とする考え方はここに始まっているとも言えよう。同行が初期には官金取り扱い、その後東北方面への支店展開、さらには朝鮮半島への銀行業務拡張を進めていく中で、諸商品を抵当にした短期貸付、荷為替金融、当座貸越、コルレスポンデンス約定などの商業金融機関としての機能を充実させ堅実経営を保っていったのは佐々木の功績の大きいところであった。

第一国立銀行はこの時期に、初期の政府や大株主に専属する公債保有機関や金貸し的な性格を持った金融機関から脱却し、渋沢が高らかに掲げた殖産興業に資する近代的な銀行に脱皮していった。しかしながらその手法としては短期的な資金融資と各種の取引支援サービスを提供する商業金融路線を選択した。大規模会社の設立資金等の長期的な資金供給は、渋沢が株式会社の設立発起人となって株式を引き受け資金を提供する直接金融が選択された。非財閥系の第一国立銀行が公正で正確な運営によって近代的な銀行業として信用を獲得したことの持つ意義は実に大きい。さらに多様な金融サービスを取引相手に提供することで商人《あきんど》的な気質から脱皮し、近代的な会社に成長させる裏方に徹したところが実に心憎いところであろう。

【参考文献】

朝倉孝吉（一九八八）『新編　日本金融史』日本経済評論社。

井上勝生（二〇〇六）『幕末・維新』岩波新書。

加藤俊彦（一九七〇）『日本の銀行家』中央公論社。

加藤俊彦、大内力編著（一九六三）『国立銀行の研究』勁草書房。

坂野潤治（二〇〇七）『未完の明治維新』ちくま新書。

渋沢栄一（一九九七）『渋沢栄一　雨夜譚／渋沢栄一自叙伝〔抄〕』日本図書センター。

第一銀行八十年史編纂室編（一九五七）『第一銀行史』（上）、第一銀行。

土屋喬雄（一九六六）『シャンド――わが国銀行史上の教師』東洋経済新報社。

長谷川直哉、宇田川勝編著（二〇一三）『企業家活動でたどる日本の金融事業史』白桃書房。

宮本又次（一九七〇）『小野組の研究――前期的資本の興亡過程』第三巻、大原新生社。

渋沢青淵記念財団竜門社編（一九五五―六五）『渋沢栄一伝記資料』〔全五八巻〕、渋沢栄一伝記資料刊行会。

渋沢青淵記念財団竜門社編（一九六六―七一）『渋沢栄一伝記資料』〔別巻一〇巻〕、渋沢青淵記念財団竜門社。

第3章　逃げずに、根気強く、株主総会で共通利害を生み出す

近年はロングランの〝荒れる〟株主総会も珍しくなくなったが、バブル崩壊以前にはいわゆる〝シャンシャン総会〟と言われた短時間で儀礼的な無風の株主総会が日本では当たり前であった。これは戦前から、もっと言えば明治時代に株式会社制度がスタートした頃からの日本のやり方と思い込んでいる方が多いことだろう。この思い込みはまさに思い込みであって明治時代の株主総会は「アングロサクソン型」とも言われる大株主同士が欲と欲をぶつけ合う激しい攻防の場であった（岡崎、奥野編一九九三、片岡 二〇〇六）。

東京株式取引所（今の東京証券取引所）に上場され、ある程度の資金があれば誰もが株主となれた合本主義に基づく渋沢関与の会社は当然この部類に属するものであり、発言記録が残っている会社は四〇社、出席総会回数は延べ一一七回に及んでいる。渋沢は代表取締役として株主総会の議長を務めることが多かったが、時にはそれ以外の立場にあっても議長役を買って出ることがあった。シナリオがあるわけでもなく、五時間も六時間も続く株主総会であり、なおかつ渋沢は一社専業ではないので会社のすべてを隅から隅まで知り尽くしていたわけではなかった。与党総会屋や社員株主による強力な援護射撃があるわけでもなかったなか、いったいどうやって株主総会を仕切っていたのか、メッセー

ジから読み解いてみよう。

ここで紹介する事例は九州鉄道の株主総会をめぐるものである。渋沢は大株主の一人として、株主間の意見が大きく割れて、会社経営を揺さぶっていた事態の収拾をはかった。まず簡単に背景を紹介しよう。九州鉄道は日本鉄道会社に次ぐ規模を誇ったが、発足当初は九州地区の株主がその中心を占めていた（東條　一九八五、二一〜二五頁）。その後急速に地元資本の比率は下がり、三菱や三井といった東京・大阪の株主の比率が上昇していった。社長は仙石貢という人物であり、三菱の推薦により逓信省鉄道技監から筑豊鉄道の専務取締役を経て九州鉄道の第二代社長に就任したのであった。日清戦後の急速な産業発展に支えられて石炭等の貨物の輸送需要は急増したが、創業直後の一八九〇年恐慌の影響で十分な設備増強がはかられておらず、列車運行回数の増大や長距離輸送体制の確立など鉄道整備は急務であった。これに対応すべく配当等を減らして投資に振り向けた仙石社長の方針を三菱の岩崎や三井・住友等の炭鉱業を兼営する大株主たちは支持した。その一方で「改革派」と言われた株主グループは、鉄道国有化に熱心な「鉄道投資家」や九州鉄道株に多額の株式担保金融をおこなっている地元の銀行関係者であり、高配当志向が強く不満を募らせていた。

一八九九年九月に株主の間で仙石社長に対する排斥運動が起こり臨時総会の開催が要求された。鉄道投資家として知られた静岡県の足立銀行頭取、足立孫六が自ら九州に赴いて配当減少に関して仙石社長を攻撃する遊説を九州各地でおこない、会社改革を求めたものであった。足立ら「改革派」は総株数の四分の一以上の委任状を集めたのに対し、会社側は筆頭株主の岩崎久弥と、その岩崎の指示に従って井上馨、渋沢栄一の支援を取り付けている。ここに紹介する渋沢のメッセージは『時事新報』に掲載された彼の会社擁護の論陣である。

九州鉄道に関する渋沢氏の意見

九州鉄道改革の件に付ては私は此程から改革派と称する尾崎君抔《など》にも御目に掛つて其要点だけは聞いたのです、且つ其前に檄文やうの物を送られましたからソレも一ト通り見たです、併し精密な計算も取調べて見ぬからして今悉く数字を記憶して爰《ここ》に申し述べることは出来ませぬけれども、要するに経費が余計掛ると云ふことが改革派の苦情を唱へる骨子と思ふ

経費に二様あり

併し此経費の余計掛ると云ふに二様ある、鉄道事業内部の処置が其宜きを得ずして無要の冗費を費すから経費が余計掛ると云ふ場合もある又その前に鉄道の修繕とか或は改良とか云ふやうな事が起て之を善くせんければならぬと云ふ必要から費用の余計掛ると云ふ場合もある、此場合を第一に能く観察を下さんければならぬ、只単に経費が余計掛ると云ふて直ちに処作の善悪を判断すると云ふことは余程無理であらうと思ふ

費用増加の原因

既往の事を誹る訳ではありませんけれども、元来此九州鉄道の昔日の仕方と云ふものは、或は創業の際の鉄道でありますからして先づ努めて物を簡略にして費用を節し、而して幾分の収益を増し

て配当の多からんを勉むると云ふことを会社の主義として仕来つたやうに見えるです、それのみならずモウ一ツ筑豊鉄道と合併したと云ふことも費用増加の一因に相違ない、此筑豊鉄道は別して収入も多いが費用も余計掛る、と云ふものは石炭を運搬するからで、石炭を運搬するに付ては費用の多く掛ると云ふことは免れぬ事実であらうと思ふ、殊に筑豊鉄道には支線が大変多い、支線の多い程費用を増すと云ふことです、此走行哩数なども数字の上に現はしてあると云ふことですが、走行哩数に対して只旅客列車を以て勘定すると荷物列車を以て勘定するとは大層違ふと云ふことも聞て居る、若し九州鉄道の初めの方針の如く利益を増して配当を多くすると云ふ為めに修繕若は改良を跡廻しに為すと云ふ事、及び筑豊鉄道は今申し述べた如き姿であつても、尚ほ消極的に費用を節し取上げた収益は残らず利益配当にすると云ふ方針を執つて行つたならば、甚しきは彼の鉄道をして大に危険に陥らしむるやうになりはせぬか、所謂永遠に真正の利益を得ることが出来ぬやうに成行きはせぬかと云ふ位に心ある大株主は観察を下して居つたらうと思ふのです

今は九鉄改良の途中

夫故に重なる株主は仙石氏を副社長兼技師長として任ずる時分には前社長高橋君とも謀り、創業期に属する間は利益の一点のみに傾くよりは寧ろ追々に事業の完成を先務として永遠の利益を期さなければならぬ、追々に事業の完成を謀つて行くには今までの方針を変へねばならぬと云ふことは既に業に重役の間に於て協議が一致して、其方針で遣りつゝあると斯う云ふことに聞て居る、其事

に着手してから未だ一年経たぬ今日、換言すれば鉄道改善の途中であらうと思ふです、然るに此間の経費が多いからと云つて直様に此改革を謀ると云ふ如き企は、申さば大早計ではないか、殆ど無理な注文とまで私は謂はなければなるまいかと思ふ、若し此改革派の人達がさう云ふ事情を知つて、而して其主義は悪い、強ひて申さばドウでも只当坐利益さへあれば宜いと斯う云ふやうな主義で遣ると云ふことであるならば格別ですけれども蓋し此改革を謀ると云ふ人達は決して左様な鼻先考へを以て、鉄道の完全は欠けても構はぬと云ふ如き望を以て改革呼はりをされる訳ではなからうと思ふ、矢張鉄道の為めに将来の堅固、将来の安全を期することは私共と同様な意念であるだらうと思ふです、只その思ひ入に幾らかの差を生じたのではあるまいかと考へられる

仙石氏は技術家なり

斯く申す条元来此九州鉄道も今日の場合処務整斉も行届いて諸経費中に冗費なしと云ひ得るや否やと云ふことに就ては、私共は実地を知らぬものですから細に之を答弁する程には為し得られぬ、併し仙石氏は技術上に就ては私は完全なる人と思ふです、左りながら吏務一切の事に通暁して諸経費の如きも細心に水も洩さず行届いて節減して少しも無駄のないやうに処理して行くと云ふ程、技術に加へてさう云ふ吏務に長じて居る人であるや否やと云ふソコまでの明言は出来兼ぬるです

仙石氏の人と成り

又仙石君とは私は長い交際で且つ近頃別して懇意にして居るから、其人と成りも大抵知悉して居る積りであります、至つて敢為な気象を持つて居て、一寸悪く言ふたならば剛腹不遜と云ふやうに見える弊がある、けれどもそれは其挙動にさう云ふ様子の見えるだけで、其実誠に艶も軽薄もない所謂愛嬌の少ないやうな所が則ち彼の人の極性質の真摯なる所以であらうと思ふ、私は誠に技師としてはあのやうに有りたいと思ふ位であるです、併し技術に加へて今申す通り物に細密に行渡り、若くは人に対して艶《えん》軽薄はなくてもがマ少し嫌な事は嫌と分るやうに嬉しい事は嬉しいと人が見得るやうに行為して呉れると宜いけれども、ソコはドウも嬉しかツたやら口惜しかツたやら呑込んだやら呑込まぬやら一寸分らぬと云ふやうな応対挙動のある所から、或は遂に心ならぬ敵を求め心ならぬ誹を来たすやうな事は有りはしないか、蓋しそは人の性質に依る事だから、それが仙石氏の欠点とまでは云はぬけれどもが極無遠慮に彼の人の性来を申さば前に述べた通り、但しそれが誠に或る一方には人に信ぜられ愛せらるゝ所以であらうと見て居るです、何事でも其人の短を知って其長所はドコまでも利用すると云ふ考へを持たなければ凡て物事の成功は期せられまいと思ふです

所謂改革派の主張と其結果

段々近頃此事に付て改革のお説を聞くと云ふと、我々は只調査するだけの事である、調査すれば何事も能く分るであらう、従て差支ないと云ふ結果を得ればそれで何も論はないのだからして、此

調査と云ふことに就て其様に何も顔を赧くして異論を云ふ必要はないぢやないか、調べると云ふことは株主として殆ど権利に属して居ることである、別に改革を謀るの革命を企てる抔と云ふやうな大仰な話ではないと云ふ如何にも改革を主張する御方々は決して世間の人の云ふ如き野心を持つと云ふやうな事もなからうから其通りであらう、けれども仮令大きな会社とは申しながら、調べやうと思へば如何やうにも行つて調べ得らる丶道があるに、其道に拠らずして特に臨時総会を開くと云ふのは其心は何れにせよ何しろ形蹟の上から云へば所謂現重役に向つて一寸戦端を啓くと云ふやうな姿になりはせぬか、其遣口は如何にも穏ならぬと云はにやならんぢやないか、仮し臨時総会を開いた所が、第一に調査委員を置くと云ふことに就て株主中に異論が起ればドウしても投票で決しなければならぬ、果して調査委員を置くと云ふことが多数決になり、調査委員が出来て調査の結果調査委員の報告が何でもないと云ふやうな事になると、臨時総会を請求した御方々が一同の株主に無駄な面倒を与へた訳になる、若し亦或部分は尤だが或部分は斯くもなさ丶うなものだと云ふ斯う云ふ説があつたと見る場合には、必ず現任の重役は晏然として其職に安んずると云ふ訳に行かぬ、左すれば少なくも会社の内閣をして動揺せしむるの方針らしいと云ふことは免れない、会社の内閣を動かすと云ふことも相談づくで、若し老朽の人でもあれば仮しや老朽でなうてもが左まで必要のない人を追々減ずるとか又は更へるとかなら是も宜からう、けれとも今申す通り技術上適当の人にして且つ充分なる丹精を為て居るにも拘はらず、アレぢや行けないと云ふ若し改革派の考へであるならば、ドウも其点に付ては私共は全く反対と云はなければならぬ、只仙石の仕方が或る部分には整理が届かないから之を扶けて整理させるやうに為たいと云ふならば、仙石の女房役に極適当な人を附けて、諸経費其他の点に付ても節減し得るだけ節減もし又事務に付ての行届きを謀ると云ふことは、今現に遣りつゝあるでもあらうが尚ほ搗《か》てゝ加へて整理さするが宜い、併し夫だけの事ならば更めて調査委員を設ける必要はない、必要があるならば重なる株主は行つて実況を御覧になれば幾らでも分る、九州鉄道の費用は一哩に付て幾ら掛つて居る、日本鉄道に比較して見ると大変多い官線から見ると大層多いと云ふやうな事は、ドウ云ふ訳で多く掛るかは行つて吟味したら能う分るだらうと思ふ、併し全く鉄道は崩れてしまつても当分利益さへ取れば宜いと云ふ主義ならば是れは方針が全く違うのであるから、其方針の論ならば今の改革派の云ふ所も一応御尤だが、若し其方針の論でないと云ふならば、ドウも前にも申す通り別に調査委員を置くと云ふことを臨時会に向つてお求めなさる必要はなからうと思ふ、右等の理由を以て此調査委員を置くと云ふことに付ては何分御同意を申上げ兼ぬる、否大に不同意を申し而して此会社をしてます／＼安全堅固なものに進めたいと思ふ、徒に此会社は斯う云ふやうな有様であると吹聴して世の中の人をして会社に向て不安心の念を懐かしむと云ふのは、誠に重立つた株主でありながら、自から自分の面目に毀損を加へるやうなものではなからうかと思ふです

渋沢の関係に仙石氏就任の目的

但し自身は最初九州鉄道には聊かも関係はなかつた、而して筑豊鉄道是も最初の発起には関係致

しませぬが、一時堀田正養さんの重役の時分に御懇意から少々第一銀行から金融をしました、其関係よりして遂に三菱会社の荘田君と共に相談役を引受け、而して筑豊礦業鉄道の改革に聊か尽力しました、初めの間は廃滅に帰しさうな有様で会社は余程困難の位置に陥ったです、けれども種々工夫して遂に優先株などを発行して漸く維持の道を立てた、それから段々事業拡張の末終に彼の会社は専ら礦山に関係する鉄道であつた為めに支線の整理、石炭の積取り其他技術上に属することが多いのでドウしても仙石氏の如き技術家が必要であると云ふので（中略）決して懇意が厚いから仙石氏に偏して物を云ふ積りでも何でもない、私が若し仙石氏の人と成りが面白くないと云ふ感じを持つならば、或は改革派の人に御同意して至極宜いからお遣りなさいと申すかも知れませんけれども、公の事に私を許さず今申す通り前の仕方は九州鉄道なり筑豊鉄道なり先づ其鉄道の改善を主とせずに一時の収益を先きとして仕事を仕来つたが、是では鉄道を永続させる道でない所から、方針を変へて任に就かしめたるに未だ其成功を見もせぬ中に経費が余計掛ると云ふて、コヽで仙石氏を責めると云ふのは殆ど我が望んだ事を為て呉れたのが気に入らぬと云ふて攻撃すると云ふことになるから、仙石氏も余程辛い事であらうと思ふ、マア自分の意見は其辺でございます、詰り申すと調査委員を設けんとなさるゝ必要はなからうと云ふことに帰着する、只其経費が余計掛るといふのを弥縫するやうに思はれるのは甚だ遺憾です、成程改革派の御方々から寄せられた統計を一覧すると大分数字の上では余計あるように見えるです、細密に見もしませんが、併しそれは鉄道其物の性質から出たや否やを能う見ずして、単に数字だけで攻めるは其本を量らずして其末を咎むる事になりはせ

ぬか

【出典】「九州鉄道に関する渋沢氏の意見」『時事新報』第五六五三号、一八九九年(渋沢青淵記念財団竜門社編 一九五五—六五、第九巻、二四三〜二四七頁)。

渋沢は終始「創業期に属する間は利益の一点のみに傾くよりは寧ろ追々に事業の完成を先務として永遠の利益を期さなければならぬ」との立場から足立らによる短期的な利益追求を退け、仙石社長への人格攻撃のような批判には毅然として、短所ばかりを批判することの愚を指摘し、さらには「無要の冗費」と指摘する会社の経費構造を取り上げていちいち臨時株主総会を要求するような株主の態度そのものを徹底的に批判している。さらには渋沢が仙石社長寄りといった批判も当たらないことも付け加えている。

このように渋沢は新聞報道等を積極的に活用してその論調を会社側に有利に誘導し、株主側も臨時総会の開催は必ずしも分がいいとは判断せず、渋沢によって提起された渋沢、益田孝、豊川良平、雨宮敬次郎らが仲介して井上薫に仲裁を無条件で一任する仲裁案を受け入れ(渋沢青淵記念財団竜門社編 一九五五—六五、第九巻、二六四頁)、臨時株主総会の開催要求は撤回された。

依頼を受けた井上は益田、片岡直温、住江常雄、根津嘉一郎(住江、根津は反対派)の四名を調査委員として膨大な報告書を作成した。その結果は意外なもので取締役の数を一五名から九名に減らすなど会社側にとって必ずしも有利ではない裁定案を作成し、七名の取締役が退任した。但し配当の増額等は会社側の意向を尊重して盛り込んでいない。その後、渋沢は取締役の入れ替え案に関して相談に応じている（同、第九巻、二六五～二六六頁）。渋沢は会社全面擁護の論陣を張りながら、決着は必ずしも会社寄りでないところがポイントであろう。株主総会で議決された調査を回避するものの、調査委員会には反対派も同数メンバーとし、その帰結も、報告書に盛り込まれた渋沢自身の意見表明によく現れているように現経営陣の退任を盛り込み、責任の所在をはっきりさせ、それでいて配当増要求を拒否して株主による経営への介入を否定している。

もう一つ紹介するのは、社長に代わって渋沢が株主総会を取り仕切った例である。まれな例とは思われるが、これが唯一ではなく日本鉄道などでも同様のケースがある。北海道炭礦鉄道株式会社は一八八九年に北海道の鉄道、炭鉱業経営のために政府の補助を受けて設立された会社である。社長・理事といった経営幹部は官選とされた。そのため、大株主の中より「株主の名代の如き、又会社の相談役の如き地位」として常議員が置かれ、渋沢はこの立場にあった（同、第八巻、六五二、六七四頁）。

会社は設立当初から混乱が続いていた。堀基《もとい》社長と北海道庁の折り合いが悪く、社長を罷免されている。また些細なことから道庁からの利子補給が停止される決定がなされ、渋沢がかけあってようやく撤回されるなど、混乱が続いていた（同、第八巻、六七五～六七七頁）。

一八九二年の第四回「定式総会」でも総会は紛糾した。社長の高嶋嘉右衛門は病気のため冒頭の挨拶だけをおこない、代わって渋沢が総会の議長を務めた。この時点で渋沢は四五〇株を保有する大株主の一人であり、常議員であった。

会社の業績不振に対し、株主から質問が殺到した。石炭の販路や利子補給の状況など、経営の細部に渡る質問が続き、議長の渋沢は、議事を終えた後に懇談会形式で質問に答えることで議場整理をはかろうとするが、それでも総会での質問継続を望む声が上がり、総会は長引いた。約二時間をかけてようやく積立金、役員賞与金、株主配当(年八分配当)に関する採決がおこなわれた(同、第八巻、六八九〜七〇三頁)。

総会を終了後、懇談会が二時間ほど持たれ、出目貫と呼ばれる、採掘量と販売量の誤差を処分できる権利を社長の一存で取引業者に与えた点が問題とされた。渋沢の将来の解決すべき課題との発言に対して、不安を払拭するものではないと厳しい発言が出たりしている。

以下は、懇談会でのある株主の発言とそれに対する渋沢の答弁である。

北海道炭礦鉄道会社第四回株主定式総会懇談会議事録

○百三番越智義路氏

私は役員諸君の御注意までに申上て置きたい、夫れは実に当会社の如く創立の当時より、株金に対して、其金額の払込の済まざるにも拘はらず、年八朱の利益を下さると云ふのは中々他に見るべからざる会社でござります、利益が斯《さ》く割合に多きにも拘はらず、此頃の株式市場に於て日々下落の有様を呈しまするのはどう云ふ訳であるか、畢竟《ひっきょう》株主たるものが会社の実際の有様を目撃することが尠《すくな》くして、只風説を聞て何れも危険に思ひまする所からして、其工事上、会計上、営業上の有様を弁へずに、安くとも売りたいと云ふやうな訳で売り放すより下落するのであらうと思ひます、殊には又当会社役員諸君が株主に向つて十分なる安心を与へない、会社の将来の目的は斯様であると云ふて、予め見込のある所を知らすことて避ける所よりして株主が安心しない、既往は暫く措きまして来年は斯うしたい、次季にはあーすると云ふ安心の出来るやうな報告もしなければ、又僅かに一年二回の定式総会すらも、株主から質問をされると成るべく之を避けましてからに、唯質問がなければ宜いとか、或は一通りの儀式一片に留めて、後は御勝手になさいと云ふやうな有様である実に不親切極まる当局者の仕方である、斯の如き有様であるから株主が少しも安心しない、安心が出来ないから安くとも株券を売り放すのでございます、会社のことに付て種々な風説の起るものは強ち事実が無いと断言は出来ますまい、然るに己の非を蔽《おお》はんとして、種々な故障を拵《こしら》へて、我々株主たるものに質問も許さぬ所から益々不安心を与へらる、私は実に当局者の不親切を恨むのでありります、どうか此後は勉めて事情を知らして貰ひたい

○議長渋沢栄一氏

御注意の趣は了解仕りましてござりますが、只今仰せの御言葉中に、何か当局が株主総会に於て御質問を謝絶するやうな御話もござりました、けれども定式総会は御承知の通り定款もありますることですから、勢ひ定款に従つて処分をしなければなりませぬ、夫れに依つて今日の如く株主諸君の御冀望《ごきぼう》に従つて懇話会を開きまして、質問をなされたい方には随意に為すつて、当局者も答弁を致して居るではござりませぬか、当任役員が何か申上ることを決して惜んだことはござりませぬ、私共も随分今度の堀氏更迭のことに付ては種々心配を致し居りまして、夫れこそ株主諸君に向ひ、斯様な苦心をしました、斯様な争ひをしましたと云ふて申上ることは出来ないではない、けれども是れを話した所が何か誇るやうにもなりますし、詰り諸君が御知り下されは宜し、御知り下さらな

くも是れは我々の本分であると思ふて居りますので、別段にくどくどしくは申上ませなんだでござります、斯様な訳でござりまして、百三番の御注意は至極御尤もとも考へまするから、向後は如何でござりませう、左様な思召でござりまするならば、其都度懇話会を開きまして、能く御質問もなされば御答弁もすると云ふことにして、打ち解けて御話しするも宜いこと、考へまする、どうぞ左様御聞き置きを願ひまする

【出典】「北海道炭礦鉄道会社第四回株主定式総会懇談会議事録」一八九二年五月二五日（渋沢青淵記念財団竜門社編　一九五五―六五、第八巻、七〇〇～七〇一頁）。

すでに四時間が経過しており、社長退場後の代役としてあらゆる質問に対して答え続け、最後まで誠心誠意、低姿勢で根気強く答えていることが見て取れよう。会場はすでに多くの株主が退場し始めており、このような渋沢の姿勢に対して暗黙の賛意が示され、このやりとりで長い長い株主総会は閉幕となった。

渋沢のこの姿に対し、支配人の植村澄三郎は「実に会社危急の場合に際し、事を一身に引受け、その困難を救はうとするが如きは、凡庸の徒のよくする所でない。私は始めて其の志のある点を知り、心中先づ驚き、敬慕の念に堪へなかった。従つて此方に頼つて行つたならば、何事も成就することが出来るであらうと感じた次第である」（渋沢青淵記念財団竜門社編　一九五五―六五、第八巻、六七七頁）と述べている（植村澄三郎は後に札幌麦酒専務取締役、大日本麦酒常務取締役を歴任する）。また同社の別の時期の株主総会に関してであるが「議場は騒然として整理すべくもなく、高島議長ではどうにも

ならなかった、そこでまたも先生（渋沢）に議長を御願ひした。先生は（中略）議事を進めて行かれ、会計上些《いささか》の不正もないことを説明したので、忽ち多数の賛成を得て、原案は成立したのである」との談話もある。

いまだ会社の立ち上げ期を脱しておらず株価は低迷し、ただでさえ困難が続く中、そこに社長の不祥事が積み重なり、後継社長では乗り切れない株主への対応を渋沢が代わって処理し、批判にさらされつつも時間をかけて話し合いを重ね、不信を払拭していったことを知ることができる。

これらの発言からよくわかるように渋沢は、弁舌さわやかに名スピーチで多くの株主を魅了して株主総会を有利に運んだわけではなかった。株主を納得させたのは、火中の栗をあえて拾うその責任感や不都合を隠したりもみ消したりしないフェアな裁定、難癖に等しい株主の発言に対しても誠心誠意答えるその姿勢であった。そのような渋沢のスタンスが多くの株主の賛意を呼び込み株主総会を見事に収めることができたのだろう。

【参考文献】

岡崎哲二、奥野正寛編（一九九三）『現代日本経済システムの源流』日本経済新聞社。
片岡豊（二〇〇六）『鉄道企業と証券市場』日本経済評論社。
東條正（一九八五）「明治期鉄道会社の経営紛争と株主の動向」『経営史学』第一九巻第四号。
渋沢青淵記念財団竜門社編（一九五五―六五）『渋沢栄一伝記資料』（全五八巻）、渋沢栄一伝記資料刊行会。

第4章　国に頼らず、外資に耐えうる企業体質

渋沢は「民」が国に頼らずに自立した存在になるために必要であれば、政治、特に経済政策に対して積極的に発言し、行動し続けた。渋沢の企業者活動の最盛期ともいえる日清・日露戦争前後の時期における、彼の経済政策に対する発言・メッセージを取り上げよう。この時期は近代日本にとって大きな画期となった時期であった。そしてこの時期のもっとも大きな経済政策上のテーマが「外資導入問題」であり、これに関して渋沢は積極的に発言し、行動している（波形　一九六九、四九～六二頁）。

一口で外資導入といってもその具体化のためにはさまざまな手法があり、かつ整備しなければならないさまざまな諸条件があった。よって外資導入問題に関係してさまざまな法律が制定された。日本興業銀行法とその改正、鉄道国有化法、担保付社債信託法、財団抵当法（鉄道抵当法、工場抵当法、鉱業抵当法）などである。これらの法律は一九〇五年から翌年にかけて集中的に成立した。渋沢はこれらすべての問題に深く関与し、新聞、雑誌などのメディアで積極的に発言を残した。それは渋沢が、経済問題に占める政策の比重が高まっていることを認識し、個別企業の設立、運営のみならず経済全体の進むべき方向に意見を表明すべき立場にあることを強く意識するようになったからと思われる。

日清戦後とはいかなる時代であったかと言うと、一言でいえば対露戦に備えての膨大な軍備拡張とインフラ（経済基盤）整備を実行するための一連の経済政策の取られた時代であった（神山　一九九五）。

日清戦争後、対露戦に備えた軍拡基調に伴う貿易収支の大幅入超、正貨準備不足から大量の資金調達が必要であった。しかし国内では既に相当量の軍事公債を発行しており、これ以上の公債発行は事実上不可能であった。そこで外債発行による海外からの資金調達をしなければならなくなった。もともと日本は植民地化への恐れから外債を忌避してきたが、不平等条約の撤廃・金本位制の採用によってその心配は薄らぎ外債発行が可能となった(高橋 一九六四、一九六～一九七頁、浅井 一九七五、三三頁、堀江 一九五〇、八六頁)。

政府は財源確保のために数度にわたって外債発行をせざるを得ず、一八九七年に引き続き一九〇二年に五〇〇〇万円の内国債のロンドンでの売り出しをおこなった。これらの発行は日英同盟の成立を受けて成功した(神山 一九九五、一八九～一九五頁)。政府は関税収入による元利払いが可能な二億円を外債の上限と考えていたので、日露戦争前にはこれ以上の外債発行はおこなわれなかった。

民間は景気刺激策として外資を利用した金融逼迫回避、資金散布を期待していた。商業会議所など民間経済界は、外債による内債償還、鉄道国有論が高揚していた。つまり、日清戦争中から戦後にかけての財政規模の拡大が軍事公債公募、増税を通して民間経済を圧迫していると考え、経費節減、減税など緊縮財政に加え、外貨国債で調達した資金を利用して内債を償還するか、主要私鉄を買い上げることで民間に資金を散布し金融逼迫を解消するように主張したのであった(同、一四三～一四四頁)。

渋沢は賠償金の使途と金本位制採用が決まり、日清戦後の財政政策が軍拡と外債発行による膨張財政の方向に向かい始めた早い時期から民間への外資導入を主張し始めた。それがここで紹介する一八九七年一一月の「財政及び経済に対する方今の急務」と題する雑誌記事である。渋沢はまず軍事費の支出があまりに大きすぎて、経済振興に資金が回らないため、少しでも軍事費を抑える必要のあることを強く主張する。さらに民間の資金不足を解消する手段として新たな提案をおこなう。それが民間への外資導入の主張であった。政府は資金不足解消のために外債募集を考えており、その点では渋沢も政府と見解は同じであったが、その外債は政府の軍拡費、正金枯渇穴埋めのためではなく、あくまで民間に投入されることを主張した。

財政及び経済に対する方今の急務

戦後の人情として事物の進歩を希望するは勢の然らしむる処なり。然るに我邦の実況は事業に対して資本欠乏するは従来の事実なるに、殊に一昨年来、各種の事業或は在来のものを増設するとか、又は新たに設計せんと欲するもの決して少からざるは世人の均しく認むる所なり。若し之をしも充分に挙行せしめんとせば到底現今の我資金のみにては之に応ずるを得ざるべし。故に相当の順序と手続とを以て外資を移入するは必用の事たるべし。

然るに之に反対する種々の議論ある中に、余の認めて重なるもの二あり。（一）は即ち資力の多き者に権力帰すると云ふ論にて、外資の移入多きに従ひ資力の少なき本邦人は勢ひ後れを取るの止むを得ざるに至り、営業上の権力も、外人に奪はれんと云ふものにして、次は、（二）今日の如く我国に現在せる資本のみを以てせば、縦令《たとい》我経済界に変動の事あるも其害亦少からんも、若し一朝外資を移入せば、他国の変事に依りて忽ちに我国内部の経済に影響を及ぼし、甲地に戦争あり、乙地に飢饉ありとて一々内地の事業上に変動を来さんと云ふ者にして、即ち外資移入の多き程斯る場合に接すること多きに至らんと云ふ論、是なり。

余を以て見れば、此等の反対論は共に我日本が既に世界的の舞台に出たる事を忘却せるにあらざるやを疑はしむるものなり。若しも資力の多き処権力必ず之に帰するものなりとせば、豈啻《あにただ》に外国人に於てのみ然らんや。之を内国人の上に就て云ふも、資力の充分ある者常に優等の地位を占むるを必せず。然らば我国が既に今日の如く世界の舞台に出たるにも拘らず尚外資の移入を不可とし、権力が外人に移り又は我国経済の事情をして一層複雑を来さんことを恐るゝが為に外資を移入せざらんとするが如きは、殆ど鎖国的の論にして、余輩其可なるを知らざるなり。況んや人情、風土、政治其他の事情を異にせるが故に外人は容易に投資を欲せざるべきを以て、外資の続々移入さるゝが如きこと能はざるべきをや。

仮に一歩を譲り或者の説の如く多少の危険ありとするも、譬《たと》へば吾人が或目的地に達せんとするに当り、進行上一層の利を得んとせば、通常の歩行に依るよりは陸地は馬車を駆り水上は船を用ふべし、然るに其馬車・船舶に奔逸・覆没の危険ありとして之を措きて徒歩するものあらば、誰か其愚を笑はざらん。然らば則ち資本に権力の帰するを恐れ、他国の事変に依て内部の経済に影響を来すを憂ひて外資の移入を拒む者は、豈馬車・船舶を嫌ふの人たらざるを得んや。

【出典】「財政及び経済に対する方今の急務」『銀行通信録』第一四四号、一八九七年（渋沢青淵記念財団竜門社編　一九六六―七一、別巻第六、二七四～二七六頁）。

一八九八年に戦後恐慌が起こるといっそう渋沢の財政整理、民間への外資導入の主張は強くなった(「経済時事談」『東京日日新聞』一八九八年一月一日、渋沢青淵記念財団竜門社編 一九六六―七一、別巻第六、二七六頁)。八月には「半成の鉄道若しくは諸工業等有利なる新工事の完成を期するに足る額を標準として外資を輸入し、多少の活気を与ふるは時宜に適当なるものと信ず」と述べ、適正規模の外資導入によって景気対策としての民間への資金供給が必要なことを訴えている(「経済社会救済談」『竜門雑誌』一八九八年八月、渋沢青淵記念財団竜門社編 一九六六―七一、別巻第六、二七八頁)。

以前から渋沢は政府の外債募集によって内国債を償還し民間へ資金を供給する考えに反対を唱えていた。安易な公的資金導入は長期的に日本企業の国際競争力を弱めるという認識を強く持っていた渋沢は、外債資金を民間に環流する仕組みづくりを模索した。それは不況対策として民間からさかんに主張されるようになりはじめた鉄道国有化問題に対しても同じスタンスであり、渋沢は外資導入問題と鉄道国有化問題をあわせて、独自の民間への新たな資金供給案を構想していったのである。

一八九八年八月三〇日の『時事新報』に「渋沢栄一氏の非鉄道国有論」という記事が掲載されている。この記事で渋沢は軍部主導の鉄道国有論を批判し、「株屋連中」の株価つり上げをねらった国有論同調をあわせて強く批判している(渋沢青淵記念財団竜門社編 一九五五―六五、第二一巻、三六四頁)。一九〇二年一月一日の『東京日日新聞』にも「経済界の前途」と題し、「外国の資本の這入るは今の鉄道国有論者の公債で入れるよりは即ち鉄道を私用にして置いても外国の資本を入れる方便にはなりはせぬか、或いは一箇の会社が社債を起こしても這入つて来るであらう、故に寧ろ之を国有にせぬでも相当に資本の入れ途は大いにありはせぬかと思ふ」と述べている(同、第九巻、五七五頁)。渋沢は建議をした商業会議所会頭という立場上、表面的には反対を言わないが、個人としてはあくまで鉄道を私有のままにして外資を導入することで民間の資金不足を解消する方向を志向していた。

渋沢は高まる鉄道国有論に対し、あくまで鉄道民営化を継続するためには民間に外資を導入する具体的方策が急務となった。そこで渋沢は民間への外資導入のための前提としての鉄道抵当法案実現に向け具体的な行動に移ったのである。それがわかるのが以下の発言である。

私の関係した鉄道について

元来鉄道の普及は地方産業の開発上最も必要なものであるから、一層進めたいと考へ、それには資金が充分でないから外国から借入れるようにしたい。就ては私設鉄道の公債募集が出来るやうにせねばならぬと考へた。恰度《ちょうど》明治三十五年欧米へ旅行することになり、一緒に行つた市原盛宏君と、又倫敦で懇意になつた植村俊平君と共に、ベヤリング・ブラザアスと云ふ金融会社を訪問した、会社の主脳であるベヤリングは英蘭銀行重役の一人でもあり、相当有力者であるらしかつたから、鉄道担保公債の話をすると大に賛成したので、鉄道担保公債に関する覚書まで取つて帰国しました。此鉄道公債に対し岩崎弥之助氏、松方正義氏などが非常に反対したが、私は是非実現したいと思ひ井上さんに相談し、結局其法案が議会を通過しました。それは三十七年のことであります。然るに翌々三十九年に至つて鉄道国有法が発布せられたから、民間に於ける鉄道公債のことは自然消滅になりました。然し私は今でも鉄道は私設会社で経営すべきである、此の制度の下に進んだ方が、国有よりも発達するだらうと考へて居ります。此点では阪谷と意見が反対で、鉄道国有に対しては幾多の疑問を有して居り、調査考究の要があるとして居るのであります。

【出典】「私の関係した鉄道について」『竜門雑誌』第四六四号、一九二七年（渋沢青淵記念財団竜門社編一九五五―六五、第九巻、六六二頁）。

鉄道抵当法は、工場抵当法、鉱業抵当法とともに一九〇五年一月の議会にかけられ成立、同年三月に公布、七月に施行された。同時に日本興業銀行法中改正法律案、担保付社債信託法が並行して成立した。この鉄道抵当法を含む財団抵当制度の持つ意味は大きかった。この法律の研究者である清水によると「財団抵当制度は、製造工業、鉄道業、鉱山業等に属する各個の企業について、土地、建物、機械器具、地上権賃借権、無体財産権等の生産手段を一括してこれを一個の財団としてとらえ、その財団について特別の登記登録制度を設けることによってこれを抵当権の目的物とすることを認めるもの」であった（清水　一九五八）。渋沢はこの重要性を十分認識していたのであった。

しかしながらこの鉄道抵当法の制定は政府にとっては渋沢とは異なる意図のもとで取り組まれたようである。一つは鉄道抵当法が興銀法改正と一体でなされ、清水が「政府が外資導入の必要に答えるために一体として立案、成立せしめたもの」と述べているように、民間への外資導入を興銀を通すことであくまで政府の統制下に置く強い意図をもっていたことが挙げられる（同、一一九頁）。政府は当初から鉄道抵当法と鉄道国有法を一体として考えていたのであった。

渋沢はこのような政府、軍部、財界こぞっての鉄道国有化の流れに抗しきれず、一九〇六年二月には「自分等も最初は反対した政策であるけれども今日の場合或は同意せざるを得ぬかと思ふ」と述べ、不承不承、政府の既定路線に賛意を表している（「時事新報渋沢談話」一九〇六年二月一〇日、渋沢青淵記念財団竜門社編　一九五五―六五、第九巻、五八三頁）。鉄道国有法は一九〇六年三月二七日の議会最終日に可決され、同年三月三一日に公布された。すぐさま私鉄の買収が始まり、一九〇七年一〇月には私鉄一七社の買収が完了した（老川　一九九六、一六四～一六五頁）。一度は賛成に回った渋沢であったが、この直後から再度、さまざまな場面で鉄道国有化政策の批判を展開した。

経済談

近時海外との金融共通意の如くならず、曽《かつ》て予想したるが如き外資の流入を見ず、是れ諸種の原因あるべく、海外に於ける我公債の俄に増加したるを始めとし、戦後我帝国が軍備の拡張を努めし為め、政治的に不快の感を起し、我国への投資を躊躇せしめしこと、米国恐慌に次で欧洲財界不況のため本邦投資の意の如くならざりしこと等重なるものなれど、更に一大原因の存するは鉄道国有の事なり、外資の流入を促がさんと欲するも、安全なる保障を与へずんば危険の所に決して投資さるべきものにあらず、之が為めに曩《さき》に鉄道抵当法を設け大に其便を開き、漸く効果の現はれんとしたるに、忽ち鉄道の国有となり、遂に之に因る外資の吸収を見ること能はざりしは甚だ遺憾とす、尤も近時日英水力電気会社計画の如き内外人共同事業の設立を見んとし、其他仏国人の如き漸く我事業に着目しつゝありて、縦令俄に効果現はれずとするも他日必ず事実に現はるゝの期あるべく、決して将来を絶望するの要なし、只安全なる投資物の鉄道国有となり外資輸入上に一頓挫を見たるは惜むべし、而して之れのみならず鉄道国有の処分は今尚解決されず朝野の大問題となれるが、鉄道は矢張民有とし、相当なる統一方法を採らば決して差支なかりしに、遂に国有となり、今日の如く諸種の物議を醸し、鉄道本然の能力を十分に発揮されざるは失敗と云はるゝも致方なけん、政府は昨今鉄道を特別会計とし其始末を全ふせんとしつゝあるも、果して完全の解決を見るや疑ひなき能はず、又鉄道の如き事業は要するに人の問題にして必ずしも制度のみ完全なるも立派なる成績を挙げ得らるや否や疑問也役所の事業、役人の仕事としては到底完全を期し難く思はる、是れ識者の考慮を煩さんと欲する所以也。

【出典】「経済談」『竜門雑誌』第二四一号、一九〇八年（渋沢青淵記念財団竜門社編 一九五五―六五、第九巻、六四五頁）。

鉄道国有化後、営業係数は国有化前より悪化して鉄道益金はのびず、買収公債の償還は大幅に遅れた（老川 一九九六、一六九頁）。渋沢はすぐさま露呈した官営ゆえの非効率、経費増による国鉄の財政赤字構造を痛烈に批判している。渋沢は基本的には一貫して鉄道国有化に反対していた。渋沢が追い求めたのは鉄道を民営のまま自立性を保持し、成立させた鉄道抵当法を用いて個別企業に外資を導入し、民間の競争力を付けながら景気回復をはかることであった。渋沢の努力が違った意図で実現した、渋沢にとって悔しい取り組みであった。

【参考文献】

浅井良夫（一九七五）「成立期の日本興業銀行――銀行制度の移入とその機能転化に関する一考察」『土地制度史学』第一七巻第四号。

老川慶喜（一九九六）『鉄道』東京堂出版。

神山恒雄（一九九五）『明治経済政策史の研究』塙書房。

清水誠（一九五八）「財団抵当法」『講座日本近代法発達史』第四巻、勁草書房。

高橋誠（一九六四）『明治財政史研究』青木書店。

波形昭一（一九六九）「日本興業銀行の設立と外資輸入」『金融経済』第一一七号。

堀江保蔵（一九五〇）『外資輸入の回顧と展望』有斐閣。

渋沢青淵記念財団竜門社編（一九五五―六五）『渋沢栄一伝記資料』（全五八巻）、渋沢栄一伝記資料刊行会。

渋沢青淵記念財団竜門社編（一九六六―七一）『渋沢栄一伝記資料』（別巻一〇巻）、渋沢青淵記念財団竜門社。

第Ⅱ部
教育を通じてのメッセージ

東京高等商業学校卒業 20 年記念
(前列左から 3 人目，1910 年 10 月 12 日)

国家がなかなか目を向けない多様な教育分野に対して、教育こそが強い民間を担う人材を育成するという信念のもと、渋沢は精力的に行動した。エリート官僚と同格のエリートビジネスマンを養成するために東京高等商業学校の大学昇格を粘り強く折衝し、商業教育に早くから乗り出した「私学の雄」の存続に関わる騒動を収めた。女子の高等教育や小学校卒業レベルの子供たちの商業教育にも目を向けた。多様な人づくりを何よりも重視した渋沢を感じていただきたい。

第5章　若き〝キャプテン・オブ・インダストリー〟への忠告

渋沢は多くの教育機関を支援したが、もっともエネルギーを費やし、なおかつ長期間関わり続けたのは現在の一橋大学の前身、東京高等商業学校であった。最終的には官立(国立)の大学機関となるわけだが、渋沢の支援なしには到底、組織が存続したとは思えない、数奇な道のりをたどった。

この学校は一八七五年に森有礼がアメリカから招聘したウイリアム・ホイットニー(W. C. Whitney)を教師とする私塾形式の「商法講習所」としてスタートした。江戸時代の町会所の財産を引き継いだ東京会議所がこの商法講習所を管理したが、翌年に東京市の所管に移され、森有礼が代理公使としてアメリカへ派遣されたため矢野二郎が初代所長となった。ところがこの学校の理解はなかなか得られず、一八七九年には東京府議会で予算が半分に削減され、一八八一年には経費の支出が否決された。渋沢は当初は東京会議所頭取としての職責からこの学校のために寄付を集め、政府と交渉し、農商務省の補助を取り付けていった(三好 二〇〇一、二五六～二五八頁、作道、江藤編 一九七五、八七～八九頁)。一八八四年には農商務省の直轄となり、「東京商業学校」と改称され、さらに一八八五年に文部省の所管となり、一八八七年に「高等商業学校」(一九〇二年からは「東京高等商業学校」)と改称され、一八八九年に第一回卒業式がおこなわれた。

一六年余り校長職に在職した矢野校長は、旧幕臣で渡欧経験があって英語に長じていた。アメリカの連鎖組織商業学校(Chain of Commercial College)の商業教育を模範とし、外国人教師による英語を正課とし、教科書は英米の著書が主に用いられ、商業に必要な書式の学習と商業の実習を内容としていた(三好 二〇〇一、二六四頁、作道、江藤編 一九七五、九九頁)。学校内に銀行、郵便局、銀行仲買、物品仲買、保険、物品卸売店等を設けて実地教育もおこなわれていた。

しかし学内での学問重視の「改革派」によって矢野校長の「英語、簿記、商用作文、商業実践重視」の漸進主義、前垂式商業教育に対する批判が強まり、排斥運動がおこって辞任せざるをえない状況となった(三好 二〇〇一、二六八頁、作道、江藤編 一九七五、一八〇頁)。

渋沢は矢野校長の退陣後もさまざまな難局に関わり続けた。学内において東京帝国大学を強く意識した同等レベルの教育を求める意見に対して、渋沢は明治初期から一貫して商工業の地位向上を訴えており、その視点を何よりも優先させて引き続き支援し続けた。さらに商科大学昇格運動の推進役を担い、粘り強くその実現を図っていった。

一九〇八年から一九〇九年にかけて「申酉《しんゆう》事件」と呼ばれる大学昇格運動が挫折した事件が起こった。高商側は独立の商科大学の設置を望んだが、文部省は東京帝国大学法科大学内に商業学科を増設する考えを推進し、東京高等商業学校の専攻部(卒業生には学士の称号が授与されていた)の廃止を決めた。そしてこれに反対する学生が総退学を表明するという事件に発展した(三好 二〇〇一、二九四～二九八頁)。

事件の収拾に動いたのはやはり渋沢であった。文部省に専攻部の存続を認めさせ、商業会議所と父兄保証人会とともに、直接学生に対して復学を説得したのであった。また八十島親徳、堀越善重郎なども同窓会として説得に当たった(作道、江藤編 一九七五、三五二〜三五八頁)。

その後も断続的に東京高商の商科大学昇格構想は、東京帝国大学との合併案とともに提起された。文部省はあくまで帝大側に合併させる基本線を譲らず、膠着状態となった(同、三九四〜三九六頁)。このような苦難の末にようやく一九二〇年に単科大学の設置を認めた大学令の実施により東京高商は「東京商科大学」への昇格を果たしたのであった(同、四五四頁)。

渋沢は何故、官立の教育機関であるにもかかわらず東京高等商業学校での商業教育の確立にこだわったのだろうか。学生への直接のメッセージを通じて検討しよう。比較的早い時期の学生への言葉として一八八五年七月の東京商業学校仮卒業式の演説がある。

東京商業学校仮卒業式

今日卒業証書を得られた諸君は、実地に就て商業に従事される方も有らう、又今日より実地に就かうと致される方も有らう、既に実地に就かれて居る方は商売社会の現況は聊《いささ》か知つても居られるで有らうが、是から業に就ふと云ふ方は、恰《あたか》も鳥が巣起ちをして飛ぶを試みる様なもので有ります、其れに就ては現在の有様は習慣的に間に合せ居ると云ふ時期か、又は学術的に経理して居る時節かと云ふ感想を下さねばならぬが、哀しいかな、維新前に成長せし商人は学術的の成り立ちをもつて商業を経営するとは申されませぬ、現に斯く申す私も商人の一人であるが、学問をして実業に就た人間ではない、栄一既に然り、他の商業社会の方は、過半と申したいがもう一歩進めて十に八・九は、皆習慣的に商事を間に合せ居る者と申さねばなりませぬ、尤《もっと》も此多数の商人とても、学問の貴重なる事は知つて居るが、根が旧習腰だめにて今日を経営する故に、其学問を応用しやうと云ふことは出来ない訳であります、是に於て諸君将来の位地が頗ぶる困難なることと存じます、諸君は既に学問を修めて実地に就かれる人である、併しながら世の中のことは総て学問の通りのみには行かぬものなれば、もし充分の才能と勉強とを以て其学問を応用し其効を見るに至らざるときは、自然と旧習と学問とは隔離して、諸君は現在の商人を目して「物を知らぬで困る」「学理に暗いから相談が出来ぬ」と云つて、之を蔑視する様になりませう、すると一般の商人は又何と申しませう「成程物は知つて居らうが、事実には通じない」「理屈は高尚だが、実際の用には立たない」と言はれませう、左すれば一般商人の感想は、政府で力を入れ世間でも学校を珍重するが、世に取つて効能は無いと言ふ様に成り行て、此の学校の名誉も此学問の功益も、諸君の為めに世間に晦《くら》まされるやうに成らぬとは言はれませぬ、今日は習慣的の事物は学問的の事物と相戦ふの時にして、恰も海の水と川の水と相漂ひ合ふ様なる場合である、故に諸君は飽までも研精励磨して、実際に就て学問の要用を示し、成るほど学んだ人で無ければ利益が無い、と云ふことを知らしむる様にせねばならぬ、是を諸君自身の為めのみならず、学校に対し、国家に対して、志を此に置かなければならぬと思ひます、どうぞ卒業された諸君は此事を御記臆下されむことを願ひます、終りに臨んで、在校諸君に尚ほ一言申したいことが有ります、凡そ物を学ぶには先きに「斯《か》くありたい」と云ふ目的がなければなりませぬ商業に従事しやうと云ふ考を以て商業学校に於て学問を修めるには、将来立派な商業家になりたいと云ふ希望が必要であります、私は今より五・六年前、此商業学校がまだ木挽町に在りましたとき、学生諸君と初めて相見たことが有ります、其時に申しましたことを復習して、今日再び諸君に告げたいと思ひます、其事は外では無い、どうぞ商業に従事する諸君には志の立て方、目的の定め方を商業専一にせねばならぬと云ふことで有ります、斯く申すと「其位のことは誰も知つて居る、貴様が言ふに及ばぬ」と言はれる方が有るかも知れませぬが、今日の有様が一般の思想・政治に傾いて居ると見えて、苟《いやし》くも書生たる人、其の学ぶ所の学科何たるを問はず、口を開けばグラッドストーンは人傑とか、ビスマルクは英雄とか、又は我邦にては誰れ彼れとか、兎角に文勲武功に有名の人を賞讃する様になりますが、是れは名誉の位置が其所に傾き易いから其の方に思ひ込むと云ふものにて、亦免れぬ道理でも有りませう、去りながら諸君は其の方に望みを棄て、商業に就かれようとすることで有るから、若し左様な考へに望みを置くと山に登らむとして舟を造つて居るやうなもので有ります

【出典】「東京商業学校仮卒業式」一八八五年七月、『東京日日新聞』第五二一九号、一八八九年（渋沢青淵記念財団竜門社編 一九五五—六五、第二六巻、五七九〜五八〇頁）。

通り一遍ではない、「思い」のこもった卒業生へのはなむけの言葉である。商業の盛衰が一国の貧富を決める、盛衰の鍵は単に商業の方法ではなく、商業に従事する者の器によるものであり、よって商業教育が重要であることを改めて説いている。さらに演説の主題は学問とビジネスの実際の関係に

及ぶ。現在の商工業には旧来の経営者が多く、十分に学問が応用されていないことを嘆いている。学問を修めてビジネスの世界に飛び込む卒業生に対して、学問を実地に応用できるようにならなければ評価されないことを説き、そのことがこれからの社会にとっていかに重要かを繰り返し述べている。

少し経った矢野校長辞任後の一八九四年「第四回卒業式演説」ではどうだろうか。

第四回卒業式演説

私は本校の商議委員の一人でございまするで、此盛典に際して一言を申述やうと存じます、今日卒業の証書を授与される所の諸氏に対しては、校長及阿部君から懇切に御示しがありまして既に足れりでございます、尚ほ蛇足を添へるやうなものでありますが、是れから我々の経済社会に顔を出す所の諸氏に一言愚見を呈して置かうと思ひます。

諸君が数年蛍雪の労空《むな》しからずして、是に学業が成つて世の中に出ると云ふは申すまでもなく御芽出度ことであります、併し是れから先きが今一つの修業で今までは学理上の修業であつた、其一的は済んだけれども、尚ほ是れから実際の修業に着手すると云ふ時期である、只今阿部君が諸君は是れまでは誠に楽であつた、是れからは浮世に出て、色々な風に吹かれて艱難をしなければならぬと云はれたが、最も妙な御説で私もさうと思ひます、死んで地獄に行くとは反対に、諸君は学問の楽土から紛冗なる娑婆へ是れから生ると云ふ人間であります、而して我々商業社会は成るべく諸君を我側に引付けやうと思ツて、大なる席を明けて待ツて居るから、諸君も進んで御勉強なさらなければならぬ、又日本の商売も昔日の如きものでない、今日の日本の商人は日本の商売ではない、世界の商売だと云ふ気風を持たなければならぬ、諸君、此等のことは大抵学問の上から悟ツて居られるだろうが、世の中へ出たら随分知らないこともあるだろう、人は学んでも学ぶだけで効能がないなら学ばないが宜い、之を実地に施して効能のあるやうに学ばんければならぬ、諸君は今日は浮世の這入り口へ足を踏み掛けた位なのであります、是から実際の修業を仕遂げると、終に極楽浄土へも行くことが出来ます、そこで世に処するに付て極必要な個条を二三点申上げ置かうと思ひます、甚だ卑近のことでありますがどうぞ御忘れなく十分紳《(マヽ)》に記して貰ひたい

先第一に是れからして諸君が鳥が巣立をして、飛ぶことを習はうと云ふ際にて必要なる処世の大意とも申すべきことは、位地と言行の程合を計ると云ふことである、自分の位置と己の行、己の言ふことが適度でなければならぬ、位地と言行の適度を得なければ貴ひ言葉でも効を奏さぬのみならず、害を為すものであります、人を誤るのみならず己をも損するものであります、経書にも其位にあらざれば其政を議せず或は言に訥《とつ》にして行ひ敏ならんを欲す抔《など》とありて、古の聖賢の教は決して迂遠だと斥ける訳には参りませぬ、又古諺にブルナ、ラシクと云ふことがある、どうぞ書生らしくあれ、書生ぶるな、学者らしくあれ学者ぶつてはならぬ、独り学者ばかりでない、何でも皆さうだ

第二に志望と才能との権衡を過らぬやうになさらなければならぬ、古人の才は大ならんことを欲し、志は小ならんを欲すと云ふ誡《いましめ》があれども、兎角少年の時は之に反して、気位は大変高いが働かして見ると何の役にも立たぬと云ふ有様が多くある、殊に学校出身の人には動《やや》もすると此弊害があ

る、而して世の中の実地の有様を知らずして、己の注文通りに世の中がいかぬと云つて人を怨み世を誹り、甚しきは之を毀害すると云ふことがある、要するに志望と才能とは、寧ろ才能が増して志望を第二に置くやうにせねば、世の中は艱難に堪へて終に佳境に入ることは出来ぬものであります

又もう一つは実際と学問の密着です、今日は学問の世と相成りましたから、それぞれ学理を以て実務を処すると云ふことになりましたけれども、未だ密着しては居りませぬ、此懸隔の甚い国ほどが商売も進まず国力も弱い、又此懸隔なく密着して居る国ほどが文物も開けて国運も強勢であります、是れは私の申す言葉でない、原則であります、今日日本は決して学問と実地が甚しく懸隔はしては居らぬ、併し未だ密着と云ふ言葉を発する訳には参りませぬ、動もすると世の中は学理と事実と違うと云ふ人があるが、是れは大なる間違で決して真の学問の道理が事実と違う筈がない、唯之を行う場合か或は其見処が違ふのである、一例を挙ぐれば昔時窮理学《きゅうり》の開けない時代には、地球が回ると云ふよりも太陽が回るやうに思はれたが、今日学問の進歩した時代に太陽が回るなどと云つたら発狂人だと云はれるに違ひない、それと同じことで決して其の学問の力で研究した道理なら実地に違ふことはない、或場合に実地の見処か違ふから学問とは違ふやうになつて来るのである、諸君は一と通り学問の道理を知つて居るだろうが、実地のことは只今阿部さんの云はれた如く月の世界へ出掛けたやうなものだから、違うやうに思ふかも知れない、学問があつて実地を知らず、志望が大きくて才能が小さいと、遂に実際の人に疎んせられ、又自分も実地家を蔑視するとか或は厭うとか云う有様に成り行いて、遂に密着を失うことになる、即ち諸君は学理と実地を密着させるに於

て最も其責任がある、其必要なる働を持つて居る身だらうと思ひます、即ち今日卒業証書を授与された諸君に私は望みます、希くは諸君は今申述べた二・三の事柄は、是れから先き実業に処するに付て十分御記臆下さること及び第三に申述た学理・実地の密着に於ては、諸君が十分の精神十分の忍耐力を以て、此密着を益々密着させることを希望します。

【出典】「第四回卒業式演説」『竜門雑誌』第七七号、一八九四年（渋沢青淵記念財団竜門社編　一九五五—六五、第二六巻、五九四〜五九六頁）。

学問と実務が融合しなければならないが未だにそれが成し遂げられていないことを憂い、「道理」の言葉を用いて学問をすることから道理が学ばれるべきことを強調している。旧習・旧弊がまだまだ幅をきかせる「浮き世」に足を踏み入れるにあたり、強いであろう風あたりに対して、学問に根ざした道理によって新しいビジネスを切り開いてほしいという期待に満ちあふれたメッセージである。先のメッセージからわかるように渋沢は学識を用いてビジネスの実際が運営されるべきという考えを明治の前半期から持ち続けていた。さらにビジネスにおける専門性の進展にともなって学術知識の習得がより必要になっていることを述べている。実際、渋沢の企業経営の手法は、西欧の新たな学識をふんだんに用いたものであった。

同時に小手先のテクニックとして用いられる学識を強く批判するようになっている。大正期に入ると、渋沢は学識を正しく用いるために道理を知り、人格を磨くことの重要性をより強く訴えるようになっていった。

以上、卒業式での演説における渋沢の言説を紹介してきたが、渋沢は一九一七～一八年にかけて東京高等商業学校で学生に対して全九回の特別講義を実施している。これまで紹介してきた実業教育に関する考えが網羅的に盛り込まれたものであった。その中で特に学識に関する部分を紹介しておこう。

東京高等商業学校特別講義

私が此壇に立つてお話をすると云ふ根本の精神は、我持つて居る蘊蓄《うんちく》を諸君の前に披瀝するなどゝ云ふ高尚な学問的の思案はありませぬ。併しより以上に私は深く今日の欠陥であると思ふことに注意して居るのです。学理最も尊むべき訳であるけれども、更に進んでは人の心が所謂極く忠実に真摯に実質的にならねば、此日本の将来は私は思ひやられると思ふです。少し一般の人間が所謂軽薄になりはせぬか。又軽薄者が幸福を得ると云ふやうなる傾がありはせぬか。近頃成金と云ふ言葉が大分世間に伝つて、諸君も動もすれば戯れの意味に成金と云ふことを朋友の間にも御家庭にもお使ひなさることがあるだらうと思ふ、私共も稀れにさう云ふ事が無いとは申せませぬ。蓋《けだ》し俄に僥倖に利益を得た人を指して云ふのであつて、其成金と称する言葉は一面に軽蔑の意味を含んで居ると云ふことは免れぬことである。真実の勉強、充分なる研究、久しきを経た富で名を成し財を得たと云ふ者を、私はどうも成金とは言はぬやうに思ふ。成金とは尊称語であるか軽蔑語であるか、其定義は茲《ここ》に論じませぬけれども、蓋し其言葉の真意は一分嘲弄《ちょうろう》的の分子を含んで居ると云ふことは免れぬやうである。而して其成金者が頗《すこぶ》る多いです。此成金を造り出したのは誰だと云ふと誰

でもない、人ではない時である。蓋し其時も矢張人が造り成したと云ふことも言へるでせう、

【出典】「東京高等商業学校特別講義」一九一八年（渋沢青淵記念財団竜門社編　一九五五―六五、第四四巻、二二一～二四七頁）。

一九一七年六月二二日の第一回講義では学識を身につけることの重要性を強調している。また、学知を得るための姿勢、努力のプロセスにも言及している。全九回の特別講義の初回は意外にも道徳の大事さを説く一方で、それ以上に知識の重要性、不断の勉強の重要性を説いているのであった。「浮薄」、「狡猾」など厳しい言葉を用いて知識偏重への戒めを述べている。しかし、回を重ねると逆に知識偏重の姿勢に対する注意が数多く発言されている。社会全般に対することだとしながらも「軽薄」や「成金」などの直截で思い切った言葉が学生に対して投げかけられている。商工業者の地位の向上を訴えながらも、その目的があくまで個人としての栄達だけに向けられているのではないことを強く訴えている。

東京高商での学生への講演を聞いていた渋沢栄一の甥・尾高次郎は渋沢の語調の激しさに驚き、「商業学校で商業に名誉がないとは誤りだ、と大声で喧嘩するやうによく演説して居た」と感想を残している（渋沢青淵記念財団竜門社編　一九六六―七一、別巻第五、五六九頁）。日ごろ、温和なジェントルマンとして株主総会でも株主たちの理不尽で自分勝手な発言に対しても低姿勢で懇切丁寧に答えていた姿とはだいぶ異なる。渋沢の人材登用や人物評価をみると決して学歴主義ではなく、どちらかというと経験主義的な現場での実地経験の積み重ねを重視した。その観点からすれば、東京高商の大

学昇格を率先して主導したのは、官尊民卑の風潮を打破し、ビジネス界に優秀な人材が集まるように、官吏を養成する東京大学とならぶべき大学へ昇格するための運動の旗振り役を買って出たのである。

　そのように葛藤を乗り越えて大学昇格を実現したにもかかわらず、東京高商の学生がその有為な能力を鼻にかけ自らのためにのみ使おうとする風潮は決して許すことのできなかったことだったろう。渋沢のこだわりがじかに垣間見られる重要なメッセージである。


【参考文献】


作道好男、江藤武人編（一九七五）『一橋大学百年史』財界評論新社。

三好信浩（二〇〇一）『渋沢栄一と日本商業教育発達史』風間書房。

渋沢青淵記念財団竜門社編（一九五五―六五）『渋沢栄一伝記資料』〔全五八巻〕、渋沢栄一伝記資料刊行会。

渋沢青淵記念財団竜門社編（一九六六―七一）『渋沢栄一伝記資料』〔別巻一〇巻〕、渋沢青淵記念財団竜門社。

第6章　私学の雄・早稲田の杜を守り抜く

渋沢が物心両面で支援し続けた教育機関は多数あるが、その中で早稲田大学への支援は上位に入ろう。そもそもは明治初期に新政府の役人になるよう渋沢を説得したのが大隈重信であって、渋沢は新政府にあって大隈と共に働いた経験を持つ。

渋沢がはじめて早稲田へ直接関与したのは、一九〇一年に大学部の設置が計画され基金募集が開始されたときであり、渋沢はこれに応じて三〇〇〇円を寄付している。そして一九〇三年七月の大学部の卒業式に出席し、祝辞を述べている（渋沢青淵記念財団竜門社編　一九五五―六五、第二七巻、八八～八九頁）。祝辞の中で渋沢は商科大学を設けることに対しての期待を語り、東京高等商業学校に先んじての商科設置となることを喜んでいる。

これをきっかけに一九〇八年一一月に大学が第二次拡張計画の募金を募集するにあたり、前島密、森村市左衛門、中野武営、村井吉兵衛、大橋新太郎などとともに基金管理委員を打診され、渋沢はその委員長を引き受けている（同、第二七巻、九九～一〇七頁）。この募金計画は理工科及び医科の新設をもくろんだもので、一五〇万円という巨額の目標を掲げた。宮中からの下賜金三万円を得、渋沢自身も多額の寄付（幾度かに分けて合計七万円）をし、基金管理委員長として広く財界から寄付を募るのに大きく貢献した。結果として六か年の募金活動により、九二万円余の募金を集めている（同、第二七巻、一〇二～一〇五頁)。

渋沢は資金面だけでなくさらに深く早稲田大学に関与を求められることになっていく。それが早稲田騒動であった(以下、早稲田大学大学史編集所編 一九八一、参照)。早稲田騒動とは一九一七年の六月から九月にかけて、表面的には初代学長の高田早苗と第二代学長の天野為之をそれぞれ支持する勢力が大学を二分して争った騒動であり、その収拾に駆り出されたのがやはり渋沢であった。この早稲田騒動は、大隈重信と大隈家の大学への関与や高田を中心とした創設メンバーによる運営体制に対する天野の批判と天野学長の強引な手法に対する巻き返しなど複雑で、なおかつ天野が校長を続けた早稲田実業学校も巻き込んだ、早稲田にとってはその後に大きな影を落とす事件であった。

九月二六日に渋沢は中野武営、森村市左衛門、豊川良平とともに大隈の病床に呼ばれ、調停を依頼され同時に維持員に就任している(渋沢青淵記念財団竜門社編 一九五五―六五、第四五巻、三三二～三三三頁、早稲田大学大学史編集所編 一九八一、九八三頁)。つまり、天野派の処分は済んだが、未だ天野自身の去就は決定せず、高田も学長職を固辞する中、いかに騒動後の体制を敷くかに関与してほしいという大隈の願いであった。

一〇月一日に校規改正整備のため維持員会によって「早稲田大学校規改定調査委員会」が設置され、渋沢が先の中野武営とともに委員に選ばれ、一一月二八日の第一回委員会で会長に選出された(早稲田大学大学史編集所編 一九八一、九八五頁)。

一年近い時間をかけ一九一八年九月二日に、設立者家督相続人としての終身維持員に大隈信常が就任し、高田や坪内雄蔵(逍遥)、渋沢、中野(直後に死去し、森村に交代)らが改めて大隈総長の推薦で終身維持員に選ばれた。また新たな維持員会で大隈信常の維持員会会長、塩沢昌貞や田中穂積ら旧高田体制の面々が理事に就任している。基本的には天野の提起したドラスティックな改革は否定され、大隈家との関係を引き継ぎながら高田とともに大学を支えてきたメンバーを再度登用する布陣となった。

一九二一年一月に大隈重信が亡くなると再び早稲田騒動を思い起こさせるようなドラスティックな校規改正論議が巻き起こった。ポイントはやはり終身維持員の問題と大隈重信のためにあったような総長という地位をどうするかという点であった。一九二二年六月の維持員会で校規改正が審議され、九月の同会で原案審議のための小委員会の設置が渋沢によって提案され承認された（早稲田大学大学史編集所編　一九八七、一三七頁）。一〇月から翌一九二三年三月にかけて少なくとも四回の委員会の開催が渋沢側資料で確認でき、三月一四日の臨時維持員会で校規改正委員会委員長の渋沢から改正案が提出された。学園の代表者を総長と称することを決め、終身維持員を廃止し、大隈の相続者を名誉総長とすることなどを規定に盛り込んだ（渋沢青淵記念財団竜門社編　一九五五―六五、第四五巻、三六二～三六三頁、早稲田大学大学史編集所編　一九八七、一三七～一三八頁）。

ここで紹介する渋沢のメッセージは、一九一八年一〇月二七日の早稲田大学創立三五年記念式典における渋沢の祝辞と、一九二二年二月一九日の故大隈重信追悼会における渋沢の追悼の辞である。前者は先に紹介した早稲田騒動のさなかであり、後者は大隈没後の大学が揺れた時期のメッセージである。

早稲田大学創立三五年記念式典　渋沢の祝辞

閣下諸君、満場の学生諸君、本大学の三十五年記念の式典に参列いたしてこの壇上に登るは私の無上の光栄といたす所でございます、本大学が今日この式典を挙行するに至りました次第、及今日までの歴史は新学長より詳かに御述べになりました、又本大学創立以来の趣旨精神及経過に就きましては今総長大隈侯爵閣下より頗る興味ある御演説がありました、私も演説をすることにはなつて居りますけれども私如き学問界に縁故の乏しいものは、実はか丶る場合に演説をする資格を有つて居りませぬ、併し唯今侯爵より五十年の友人である、此学校に対して聊か力を尽したと仰せられた、而かも或る点に於ては私の実際の尽力よりも大分懸値ある御賞讃を戴きまして、甚だ恐縮いたしたのでございます、声聞過レ情、君子恥レ之と云ふことがある、私は君子でないから恥ぢぬでも宜いが、今の総長の御言葉に対しては聊《いささ》か赧然《たんぜん》たらざるを得ないのでございます。しかしこれは呼出しを掛けられたやうなもので、今の御言葉によつてなほ一層の努力をせねば相済まぬやうな感を起したのでございます。微力殊に自分の財産は甚だ乏しいために、とても自己の力を以ては十分に尽せませぬ、所謂人の褌で角力を取る、人の物で義理を尽すと云ふことより外に致方はないと思ひます。

私は前に申上げました如く演説は出来ませぬが、唯所感を述べますのでございます、私は夙《つと》に身を実業界に入れまして、教育の事は昔風の事より外は存じて居りませぬ、今侯爵は私が論語を読むと仰せられた、四書五経の中で論語を重に読んで来ましたから、全くの無教育とはまうしませぬけれども、新教育は一向存じませぬのでございます、明治初年の教育は今日では新教育とは言へぬでせう、諸君は之を旧い教育と思召すであらうが、その所謂旧い教育すら私は無いのであります、しかしながら実業界に居りまして段々考へて見まして、この国の真正なる富を起し真正なる力を進めるには、教育でなければとてもいかぬと云ふことを深く感じましたのでございます、しかし教育とまうしても、明治の初めのやうに政治法律のみに力の入つて居たものは、私実業界の者として片腹痛いと思つてゐたのでございます、たび〳〵まうすことでございますけれども、今の高等商業学校ができましたのが明治七年で、その当時は商法講習所と云つたのでありましたが、それがだん〳〵進んでまゐりまするはずであつたのに進歩が甚だ鈍かつたのでございます、もつともその当時は商業の学校のみならず、科学的教育を施すものは洵《まこと》に乏しかつたのでございます、政府の設備も乏しいし、民間にもこれに注意する者が甚だ少かつた、私は前まうす如く無学ではあるが、どうも実業界に働く者を無学で置くことはいかぬと云ふことを深く感じました、ために、国家のみに依頼せぬで、民間でも良い学校を設立したいと思つて居りました、慶応義塾に続いて当早稲田大学が起つたのでございますが、私はその趣意如何は顧みる所ではない、とにかく立派なもの丶成立つことを深く望んだ為にその設立を大に喜んだのでございます、今侯爵から故伊藤公が懺悔をなすつたと云ふ御話を承りましたが、私は実業界にあつたために早稲田の学校を危険思想を有つて居るとは思はなかつた、観念の如何は暫く措いて、民間の学校が是非欲しいものだと思つたのでございます、私は明治三十五年に亜米利加《アメリカ》へ旅行して、学校の状況を視察しまして、日本の学問は甚だ狭隘で、思想も貧弱で、甚だ情ないと云ふことを切に感じたのでございます、多くの御方は御聞及び若しくは御覧になつたらうと思ひますが、亜米利加の学校はその頃からして官学・州学よりも寧ろ民学の方が設備が整つて、学生も優等であつたと云ふことは私の如き門外漢にも見誤まることのできなかつた事実でございます、これ等のことからして、私はどうか日本の学校を今一層進歩せしめたいと思ふと同時に、学校は官立のみが満足な者ではないと云ふ感を深くいたして、従来御懇命を受けて居る大隈侯爵が総長をして居らるる此早稲田大学に聊か微力をいたしました次第でございます、さりながら物には積極があれば消極がある、陽があれば陰がある、私が此学校に関係いたしたとまうしても、実はその力は甚だ微々たる者で、先づ俗にまうす御勝手元の味噌摺用人に過ぎないのでございます、侯爵の如き頗る積極的の御方を有する側に私の如き消極的の者があつて、集まつた金の一銭たりともなるべく無用にならぬやうに適当の方法によつて使はなければならぬ、之を集めるにはどうしたら宜からうかと云ふことを考へる、これは決して無用のことではないであらうと思ふのでございます、漢の高祖は陳平・張良よりも蕭何を重んじた、又徳川家康の側には井伊・本多・酒井・榊原の四天王以外に本多作左衛門の如きがあつた、金穀の事に長じた人があつたために徳川家が大いに発展を致したと考へます、これによつてこれを観ると消極が積極を援け、陰が陽を助けると云ふことは決して無用なことではないと思ふのでございます、こゝに於て余命の続く限り本大学のために力を尽したいと存じます、私はこの場合に於て一言、主として学生諸君にまうしあげて置きたいことがございます、今まうしあげましたる私の観念の起つたのは、侯爵に長い間御眷顧《けんこ》を蒙りましたに就いて、義務として力を尽さなければならないと深く感じた故でありますが、また広い意味からまうせば、国民の一人として命の終るまで国家のために尽力するの責任があると思つて居ります故でございます、前に申した如く私は積極的のものではありませぬ、消極を主義として己れの欲せぬことは人に施さぬと云ふことを努めて居りますので、あくまでも義務責任を重んじて行動をしたいと思ふのでございます、而して今日の若い学生の一般の状態を見ますと、働き掛ける権利には大分力を入れて進むやうでありますが、受身になる義務責任にはどうも欠ける所が多い、これは一般の通弊ではないかと思ひます、果して然らば国のために慶ばしいことではないと思ふのでございます、他人はイザ知らず、学生諸君は義務責任と云ふことを深く心に銘じて置かれることを望みます、働き掛ける学問は教場で先生が教へて下さるでありませうが、義務責任と云ふことに就いては、今日この式典に際して私は精神を籠めて学生諸君に御注意まうすのでありますから、この一言はどうぞ御忘れないやうに深く希望いたします

【出典】「早稲田大学創立三五年記念式典　渋沢の祝辞」一九一八年一〇月二七日(渋沢青淵記念財団竜門社編　一九五五―六五、第四五巻、三四八〜三五〇頁)。

国の発展のために何が必要かと言えば、それは教育である、それも是非とも良質の民間の学校が必要であるとの思いがストレートに述べられている。そしてみずからは多くの寄付を集めそれを有効に使えるよう陰ながら努力をしていくことを述べると同時に、学生に対して権利よりも義務責任を重んじた行動を取るよう、お祝いの席にもかかわらず強い調子で述べているところが渋沢らしいところであろう。

もう一つ、大隈が亡くなった際の追悼の辞である。病気を患い、大磯で療養中であったにもかかわ

らず、参列し追悼の辞を買って出た。

故大隈重信追悼会　渋沢の追悼の辞

私が殊に記憶しまするのは、大正の六年に、丁度侯爵が御病気の時に私は森村・中野・豊川と四人が御病室に呼ばれました。其時森村は病気で出ませせぬ、中野・豊川・私が出まして、即ち早稲田の学校の事に就てであります。実は侯爵より五十五年の間に悲観的の事を御聞き申した事はありませぬ、どんな事があつても何時でもより善き事を考へて、今に宜くなると所謂楽天一点張の御方であつた。併し今御話しました御訪ねした時にはさうでなかつた、即ち此の早稲田の学校の事であります。長い間お前等とは交つて居る、又場合には説を異にしたこともあらう、併し先づ相共に力を尽して今日に来つたといふて宜いが、学校其物に対して自分も其職でないから多少の御世話を戴いたけれども、併し別に御相談申した事はなかつたが、此場合はどうぞ此の学校の為に力を尽して欲しいと思ふから、其事で依頼する。私は弱音を言ふのは嫌ひだ、お前も能く知つて居るだらうと言つて我々に頼まれた。お弱りの所で懇切に其御話を承はつて、其後引取つてから私は今日初めて大隈侯爵の弱音を聞いたと言つて、心密に深く感じ且つ大に吾々が覚悟致した事であります。そこで森村は居りませぬで、三人はもう今更云々と申上げるでなからうから、是非吾々が大なる事をするといふて立つと云つても大した事は出来ぬけれども、兎に角此仲間に這入《はい》つて是非相当なる方法を講ぜねばならぬと申合せたのは其時であります。其時に初めて私は侯爵の真に弱音を吐かれたといふことを今も記憶して居るのでございます。如何に此学校に対して深い感情を有つて居られたかといふことが、私共に深く窺《うかがい》知られたので、有無を申上げる迄もなく、遂に学園の世話役の一人になることをば、即時に御引受したことは今尚記憶して居るのでございます。

右様な次第で、或は一身上に就き又は学事に就き其他色々侯爵に対して斯《そ》う云ふ事があつた、斯かる場合もあつたといふ事を申上げるとまだ数限りもございませぬけれども、要するに前にも申しまする通り実に博愛同情の方である。随分議論が鋭いから、一寸同情心のある御方でないやうに見える、或場合には人を論難し人を駁撃《ばくげき》するけれども同情のある御方である。真に博愛の御方ですから、是は即ち私は故侯爵の今日社会一般から同情を御受けなさる所以であらうと思ふ。況んや之に加ふるに前に高田学長の仰しやる通り、政治界に又此学校に対して、実に懇篤なる力を尽されたからであらうと思ひます。此追悼会に就て只今現学長・高田名誉学長の仰しやる通り、此学園は決して今日を以て満足とは言はれぬで、更に大に攻究しなければならぬ所があるであらうといふことは、私共もさもありさうに感じ居ります。此事に就ては必ず又老衰且微力たりと雖も大に御相談に応じて、諸君と共に力を尽して此学園をして益々堅固なるものに致さなければならぬと思ひますが、更に一つ私は特に此学校を卒つた御方に、又現に学窓に在る諸君に対して一言申上げて置きたいことは、どうも近頃の学事に従事する、若くは学問を終つた一般の青年の思想若くは行動が、甚だ真面目を欠いて居るといふ嫌ひが少からぬと私は思ふのでございます、今侯爵の徳を頌《しょう》するに当つて、或は学事に若くは政治に私が一般の行動に対して実に博愛の御方だと申上げたが、何事に対しても精神を打込んで御話なさる、仮令それが些細な事でも左様であつた。何事に就てお話しても其の通りである、真に心をそこへ集中して御話しになつた。只今申した私の抑々初めに御目に懸つて深く感銘することの如きは勿論であるが、仮令細事であらうとも所謂真面目に御話しなすつた、あのやうに広く、あのやうに該博に各方面に御話があつたが、さればといつてそれが浅薄でなくて、実に敦厚であつたといふことは洵に故侯爵を深く御慕ひ申す所である。併し今日世の中の一般の情態はどうも私にはさう思へぬのです、所謂不真面目なものが押並べて強いのであります。精神集中が甚だ少いと思ふ、此精神集中が少かつたならば必ず其人の為す事は知るべきのみ、早稲田学園の本当の主義を奉ずる道ではないと言はなければならぬ。吾々は将来に就て仮令年限が短いと雖も十分力を尽さうと考へます。老先きの長い学生の方々に於てはどうぞ精神を集中して各々其の所に――何れの方面に御力を尽せと云ふことを多数の御方に対して私が今申上げる限りでありませぬけれども、何事にまれ掛つた事に力を尽し、而して其事の成功を見るのが即ち学園に対する報効、又侯爵に対する御恩報じであらうと思ふのでございます。私が諸君と共にそれを努めやうと思ふと同時に、位地を異にし、年を同じうしない皆様御一同に其事を希望致して置く次第であります、是で御免を蒙ります。

【出典】「故大隈重信追悼会　渋沢の追悼の辞」一九二二年二月一九日（渋沢青淵記念財団竜門社編　一九五五―六五、第四五巻、三五七〜三五八頁）。

大隈が「博愛」の人であったことを述べ、大隈についてとなれば常に語らずにいられない新政府にスカウトされた話に始まり、その後意見を異にして相容れぬ議論になったとしても大隈の博愛の人柄故に長きにわたる親交を続けてきたことを述べている。ここに紹介した部分はその大隈が早稲田騒動ではじめて弱音を人に見せたというくだりである。だからこそ大隈亡き後の早稲田大学が間違わずに発展するよう最大限の努力をすることを披瀝している。そして再び学生に対し不真面目さを戒めている。早稲田騒動の折に天野派の煽情に乗り、大学内を不法に占拠したり、騒動を起こしたりした学生たちに思いをはせたのかもしれない。ここでも真摯な姿勢が人の心を打ち、渋沢の強いメッセージが伝わってこよう。

【参考文献】

早稲田大学大学史編集所編（一九八一）『早稲田大学百年史』第二巻、早稲田大学出版部。
早稲田大学大学史編集所編（一九八七）『早稲田大学百年史』第三巻、早稲田大学出版部。
渋沢青淵記念財団竜門社編（一九五五―六五）『渋沢栄一伝記資料』〔全五八巻〕、渋沢栄一伝記資料刊行会。

第7章　女子のあるべき姿を求めて

渋沢が力を入れた領域の中で商業教育と並んで双璧をなすと言っても過言でないのが、女子教育であった。明治前半期から東京女学館を支援し、後半期以降九一歳で亡くなるまで日本女子大学校へ惜しみない支援をし続けた。それ以外にも明治女学校、共立女子職業学校、日本女子商業学校、京華高等女学校、日本女子美術学校、女子（津田）英学塾、梅花女学校、山脇高等女学校、立教高等女学校、東京女子大学校、大妻技芸学校、武蔵野女子大学、神戸女学院など、現代にまで続く多くの女子大、女子校の創立の相談にあずかり、寄付をし、訓話をおこなっていた。

渋沢の女子教育に対するスタンスはどの学校における訓話を見ても大きな差はない。女子教育への視点を形作ったのは、最も長く、最も中心的に支援し続けた日本女子大学校への支援によるところが大きい。よって、日本女子大学校の女学生へのスピーチを通じて、彼の女子教育に対するメッセージを浮かび上がらせていきたい。

まず、渋沢と日本女子大学校のかかわりをざっと見ていこう。渋沢は一八九七年三月二四日に、創立者成瀬仁蔵の女子大学設立計画の第一回発起人会に参加し、設立発起人となり、引き続き創立委員となった。キリスト者であった成瀬が日本における女子の高等教育を実現するために五年間の準備期間を経て開校した、わが国初の民間女子高等教育機関であった。

渋沢の女子教育の理解は当初、成瀬に完全に合致するものではなかった。それは成瀬が女性の人格の独立と自由を認め、女性を人格的主体として教育する考えであったのに対して、儒教思想に根ざした渋沢は高等教育を受けた女性の社会的な進路に対する危惧や、ハイカラになりすぎたりすることで女性の美徳に傷がつくことを恐れ、やや消極的な姿勢を示していたのであった(影山　一九九〇、一九九四、一九九九)。

実際に渋沢がいかに日本女子大を支援したかを概観しよう。まず資金援助であるが、創設時の第一回募金で二五〇〇円を寄付したのを皮切りに、一九〇四年の第二回募金で五〇〇〇円、一九〇七年の第三回募金で二万円を寄付した。一九〇八年には学生寮「晩香寮」一棟が渋沢の寄付によって完成した。さらに一九〇九年の第四回寄付で一万円、一九一四年の第五回寄付で二五〇〇円、それに続く第六回寄付で二万五〇〇〇円を寄付している。一九一九年の成瀬没後にその遺志である総合大学化を目指して一一五万円の募金計画に着手したが、渋沢は五万円を寄付している。日本女子大に残る資料によると、一八九九年から一九三〇年の間の寄付金合計はこれらの寄付の総合計を上回るおよそ二一万円になっている。『渋沢同族会会議録』にみられる渋沢の生涯の寄付総額はおよそ一八三万円である。それからすると一二%に及ぶ金額に上り、渋沢がいかに日本女子大を支えたかがわかる。一方で広く資金を募るためにたびたび地方講演に出かけている。一九一〇年八月四～一六日にかけて成瀬、森村市左衛門らとともに信越地方に寄付金募集の旅に出、一九一一年五月一四～二二日に大隈重信、成瀬、森村らと大阪、神戸、岡山、京都の各地を募金募集のために講演して回っている。

次に役職面からみたサポートであるが、一九〇〇年の創立委員会で建築委員、教務委員となり、一九〇一年四月の開校式では会計監督として演説している。一九〇四年に財団法人に組織変更され渋沢は評議員（財務委員）に就任した。驚くべきことに渋沢の最晩年の一九三一年、麻生正蔵第二代校長辞任に際し、後任人事が停滞し、渋沢は病身を押して第三代校長に就任し、約半年間、亡くなる瞬間まで最後の支援をおこなった。

もう一点、渋沢の貢献がある。たとえば一九一一年にスタンフォード大学のジョルダン総長やロンドン大学シドニー・ウェッブ教授らが来日した際に、彼らを日本女子大学校に招待しているのである。渋沢は欧米に比して日本の女子教育のレベルが低いことがアメリカの日本人移民問題で蔑視される一因と言われたことがあり、欧米人の固定観念を崩すために日本の女子教育のレベルの高さを実際に見てもらう努力をした。同時に学んでいる女子学生に対しても男子大学生と十分対抗できる心意気を持ってほしいとの無言のメッセージであり、外国からの賓客招待を根気強く続けたのであった。

これらをみるだけでも渋沢がいかに女子教育に対して多大なるエネルギーをかけて支援していたかがわかる。それでは実際の渋沢の女子学生に対するメッセージを通じて、女子にいかなる期待をかけていたかを見ていこう。

一つ目が一九〇六年三月、日本女子大学校大学部の三年生以下の学生に対しておこなわれた講話であり、二つ目は渋沢の寄付で出来上がった学生寮「晩香寮」において学生が開いた渋沢の古希祝賀会時の謝辞である。

渋沢男爵談話大意

私の一言が、皆さんの御参考にどれだけなるかは疑問でありますが御話した事が幸に、生い先き長き皆さんの将来に紀念されるならば、私の言葉は金玉ならずとも、すべて物事はそれを聞く場合の観念によりて、これを充分に利用すれば、土瓦の如きをも化して金玉とする事が出来るのである、それであるから、皆さんがこの後いつまでも、何月何日、渋沢がこれ〳〵の話をしたと記憶されたならば、私の喜びのみならず、更らにこれを金玉たらしむる様勉めて頂きたい。

学業終りて、丁度鳥が屢〻《しばしば》習ふて空中に飛揚するが如く、社会に出らるゝに当りては、凡て一の思案を備へなければならぬ。それで私は二ツ三ツの注意をして置きたいと思ふ。人は学問をする間或は全く父母先輩の命令の下にのみ働かざるを得ない時代には、先づ自らの思案を出す時は少ないのであるが、一家をなすに至りては、自身といふ考を出す、即ち自分は如何にしたならばよきかといふ考が生ぜざるべからざる時代である。此の場合には先づ時をよく知るといふ事か必要である。此の意味は世の中の時代が如何なる有様であるかを知る事であります。海上に舟を出したる時に己れは何処に居るかと云ふ事を知るのであります。日本は如何なる国体なるか、如何なる習慣を有するか。如何に経過し来り、将来如何に進むべき時代なるか、婦人が将来受くる待遇は、重ぜらるべきか、はた又軽しめらるべきか。学問は望むまゝに与へらるゝべきか否か。又世界に対して、日本は如何なる位置にあるかといふ事を考へねばならぬ。而して三十年前の我が国の、文明は列強に劣るのみならす、二・三等国に位せられて居つたのであります。併し　陛下　精励治を図らせらるにより、今日にては列強の伍班に入るを得て、一等国と他の国人まで云ふ様になつた、即ちかゝる位置にある事を考へねばならぬ。同時に日本国民の責任は、如何なるかといふ事、殊に婦人としての責任を考へねばならぬ、其の割出しがつかぬと、自身を働きかくるに度合を誤る。船を動すに自身は何処にあるといふ事を知らざれば、船を向くる事が出来ないのと同じである。而して其の位置は、各方の為め、最も名誉あると同時に、最も責任のある位置と云はねばなりません。

之れ迄の女子にして、相当の教育を受け、文明的の過程をふみたる人もあれど、今日に比するに一般の教育の度合は霄壌《しょうじょう》も啻《ただ》ならず、女子は貞節・従順にして、内を治むる、即ち裁縫をし、沢庵を漬けさへすれば職分は足るといふ考でありました、私共も順序だつた学問は致しませんが、男子であるにより、少しく面倒な事も致しましたが、欧羅巴《ヨーロッパ》の学問などはせず、教育の区域は跛《あしなえ》で、狭くありました。今日は緻密・該博に、すべての事につき一家をなすに足る丈の事も学び得たのでありますす、これを充分学問の理想通りにする事を得て、始めて学問の価が定るのでありますから、責任重い所以であります。

今一は学問を修めた各々方が、世に処するに当りては、我より古をなすといふ覚悟が大切であります。即ち自分から基礎をたてなければならぬといふ位置なのであります。

維新以前に於て商業者の教育が卑められたる如く、女子の教育も卑められたので、貝原氏の如き女子教育熱心者の書物でさへ其の通りであります、既に商人には学問の必要が生じましたけれども、俄にする事が出来ないので、三十年を経たる今日、なほ充分なる人が出来ないで、或は行き過き、或は方向を誤る等の人があります。

これと同じく皆様が一家をなすにつきては、今迄の婦人の例に倣ふ事は出来ないので、教育の度合異り、家庭の振合異るにより、すべての事己れが先祖として、以後の家庭を作るといふ覚悟をしなければなりません。況や類例のない家庭にありて、行き過ぎれば人に嫌はれ、行き足らねば満足が出来ず、丁度今の商業者と同じ境遇にあるのであります。得たる学問はどこまでも応用せねばならぬ。併し家をなすに就て、直に行はんとするには、果して舅姑はこれを歓迎しませうか。よしるとしても、単純なる理想を実行するは、非常にむづかしい事であります。無暗に遠慮すれば、肝要の理想は下積になつて黴が生え利用が出来なくなります。人の手本によらず、自分が組織するといふ考を以て、学問を鼻にかけず、利用するに汲々とするのでなくては、受けたる教育の効をあらはす事が出来ません。それのみならず、一歩進でよき児童を育て、国家の充分なる元素となる人を作るの希望は、此の順序によらねば成立つ事が出来ないのであります。故に其の困難を自覚して、世の中に乗り出さねばなりません。

今一は社会に出で、世事に従事するに至ると、位置が変り、模様が異る、そこで学問の方に疎くなる。忘れないにしても、常に心を用ひてゆく事が出来なくなるのは人間の常であります。然しながら世の進歩は、教育に由らなければなりません。教育を怠れば進歩は止ります。これは男女共に同じく、如何なる屈托の時にも、繁忙の時にも、常に震動しなければ、世の中は停滞します。此の観念を忘れないと同時に此の品性は女子大学に於て作られたる事を忘れぬ様にし、此の精神を続くれば、学校も進み、更らに他に此の精神が注入されて、よき人を作り、国家に大なる貢献をなし得るものと信じます。

此の三つを希望するのでありますが、これがもしもよく利用せらるれば、前に申した通り金玉となるといふ事を憚らぬのであります。

【出典】「渋沢男爵談話大意」『家庭週報』第五四号、一九〇六年（渋沢青淵記念財団竜門社編　一九五五―六五、第二六巻、九〇二～九〇四頁）。

余の女子高等教育に尽瘁する所以

私の若い時分は実業家よりは、寧ろ壮士的、役人風の経歴であつた。実業家となつたのは明治六年で、以来殆んど四十年之れに携つて居るその歳月はさやうに長いが、私の心に感ずる所は、二十四から三十迄の六七年間が最も変化に富み、従つて最も長かつた様に感じます。往時を追懐しますと、明治六年からは平坦な道を辿つたが、その以前は山もあり、川もあり、崖に落ち、また攀《よ》ぢ昇るといふ種々の辛苦を嘗めた。その経過の間はえらい困難に感じましたが、過ぎ去つた今日から見れば愉快である。少し手前味噌のやうに聞える嫌ひがあるかも知れぬが、今日迄の私の働らきは、一身一家の為めと云ふよりは、微力ながら国家のお為と考へたに相違ない。当時外国を嫌つて鎖国、幕府を嫌つて尊王と云ふ観念の下に、尊王攘夷・尊王討幕と云ふ事を喧《かまびす》しく申しました。蓋しこの考へは間違つて居つたのである。然るに世の中は維新の制度となり、賢い方が朝に立つて、政を執るから、以前考へた事は無用になつた。然し此の頃の事を見れば政治上の事は進み、学問の働らきは大について来たが、何様永い間、理財貨殖と云ふ事には慣れの無い国民であるので、商売の事を酷く賤しみ、商人は最下級の者とし、金銭の勘定等は、立派な人は知つて居るのも恥だと考へる風習であつた。維新によつて百事が開けて来ましたが、国家の富には注意しなかつた。但し大政治家は注意したが、おしなべては其の考へがなかつたのである、此時私自身、昔の攘夷とか、鎖国とか云ふ主義の誤りを悟り、どこ迄も外国の長所は取らねばならぬ。政治上の改革は既に已に成立したから、微力ながら之れから国の富に力を尽し度いそれには一人一個がよい鉱山を当てるとか、よい事業を経営するとか云ふ事は、近世の国家の富とはならぬ。多数の方面が進む様にならなければならぬ。小さい資本を集め、集まつた資本は都合よく経営する会社の組織が必要と思ふて、五六年(マヽ)その事を経営して居る。

扨《さ》て私が女子高等教育の必要を成瀬君から聞いたのは、二十九年頃と覚えて居る。私は町人の位置の進むと共に、御婦人の働らきが、男子を助けると云ふ事にならんければならん。男子も只昔のやうに力づくに働らいて、稼ぐに追付く貧乏なしと考へて居つても、他国と晴れの舞台で競争する様になつては、到底そんな優長な真似をして居つては間に合はない。いくら足が達者であつても、自転車や、自動車や、まして汽車には追付かれない。之れと競争するには学問である。智識である、故に勉強は勿論必要である。而して同じく生を稟《う》けた女性に学問が無くてよいといふ筈はない。之れは昔の武人制度の間違ひである。力づく腕づくの世の中ならば、女子は男子に勝つ事が出来ないから、男子から器具の如き取扱ひを受けるのも止むを得ないが、然し之れは町人が士人の戦争をする器具の如き取扱ひを受けたのと同様であつて、今日の文明の世の中では、矯さなければならない事と信じた。男子と女子とは性質も違ひ、境遇も違ふが、同じく国の富に必要な智識を希望せねばならぬ順序である。かう申せばとて、御婦人方をだしに遣ふ為めに女子教育を希望すると云ふのではない。御婦人の智識が増せば、其の働らきが現はれ、其の働らきが現はれゝば地位が進み、国の富を増すと云ふ事になると云ふ考へが、微力ながら此処に力を致した所以である。而して大体に於て此の校の御主義を賛して御助力申しては居るが、時には互に御討論もし、御相談もし、常に種々なる考究を尽して居る事を、よく御了承を乞ひたい。此の間卒業式の時にも云つた様に此の学校は大豊富の人の資本に由つて成立して居るのでもない、政府の保護を受けて居るのでもない、多くの人の集合した力によつて成立して居ので、創立以来未だ歳月は短いが、斯く迄の発展を遂げたのはあだをろそかではない。蓋し之れは校長の御熱心、教職員諸君の御尽瘁《じんすい》によるのは勿論であるが、然し我れ我れ共此処に協賛して居るものが力を尽して居る事を、諸嬢は御記憶して置かれたい。要するに皆様が教育をお受けになるのは、御自身の発達が主であるが、それはまた国家に裨益する所以であると云ふ事を、しつかりと心に刻んで置かれ度い。即ち諸嬢の学問は、御自身の進歩を計るのみならず良妻賢母となつて、其の夫の上に、其の子女の上に、感化を及ぼしてやがて国家の智識を増し、利益を加ふる事は幾何であらうか。之れ我れ我れが皆様方に望みを属して居る所以であります。どうか諸嬢には十分御勉強あつて、我れ我れの希望にお添ひ下さる様に願ひます。

【出典】「余の女子高等教育に尽瘁する所以」『家庭週報』第一八五号、一九〇九年五月一日（渋沢青淵記念財団竜門社編　一九五五—六五、第二六巻、九一七〜九一八頁）。

まさに読んだとおりであるが、世の進歩は教育によらなければならず、その点では男女に差がないことを述べている。ただし、この前の部分ではその能力を家庭で発揮すること、身につけた学問を家庭や子育てに上手に利用する、その仕方が大事なことを合わせて述べている。一見すると「良妻賢母」思想に近いとも理解されるかもしれないが、成瀬自身も卒業生のすべてが職業に就くことを想定していたわけではない社会情勢であった。まず、女性が高等教育を受けることを是認し、身に付けた学問を社会の中で応用する点では男女に差がないことを述べた点は当時の一般的風潮よりも先進的な考えであったといえよう。

二番目のスピーチにおいても、やはり女子に学問がいらないという考えをはっきりと否定し、同時に授けられた教育を家庭や子女の教育に反映することで文明国にしていかねばならないとの考えをはっきり打ち出している。言葉として「良妻賢母」というフレーズが出てくるが、女子に大学レベルの教育はいらないという儒教的な考えに根ざした一般的な良妻賢母観とはかなり異なる見解といえよう。渋沢はそもそも江戸時代の身分制社会の旧弊を打破するために血洗島を出て行動していった。それでいながら論語という旧来の価値観を最も体現する思想体系を新時代の説明用語として用いた。従来のものをすべて否定するのではなく、従来的な価値観の人々とも共通項を持ちながら新時代への移行を広くあまねく普及させることに腐心した。そのような渋沢のスタンスがここにも発揮されていると理解するのが自然だろう。当時としては地方の子女が東京に上京し、寄宿舎暮らしをしながら大学レベルの教育を受けるということは極めて異例のことであった。そのような子女のための寄宿舎でのスピーチだからこそなおさら彼女たちの心意気を後押しする姿勢がよくあらわれているとも言えよう。

最後は一九二〇年三月の卒業式での訓示である。創立者の成瀬は一九一九年一月に自らの病が不治であることを悟り、学校関係者を集め惜別の辞を伝え同年三月四日に死去した。その翌年の卒業式における訓辞である。

女子と高等教育

先般来朝した米国の実業家ラモント氏の夫人は私に斯う云ふことを言つた『妾共が大学教育を受けた頃には米国に於ても未だ婦人教育が普及せず、高等教育を受けることを以て、以ての外のハイカラだとしたものであるが、妾は之からの社会に処するにはどうしても充分な教育を受けなければならぬと信じたから、一切の世評に耳を仮さずして勉強した』と果して米国は今や女子教育が一般に行き亘つて教育なきものは人並に交際が出来ぬと云ふ有様である、自分は先般米国に行つた時に或新聞の婦人記者と婦人のことについて議論し、米国婦人のやうに亭主に靴を脱がせたり荷物を運ばせたり、勝手気儘に振舞ふのは大嫌ひだと云つたところが、その記者は躍起となつて自分に反対し大議論をして、とう〳〵食事の時間を一時間も遅らしたことがあつたが、併し東洋婦人のしとやかな態度を納得させて、件の婦人記者も今後は靴を脱がせること丈けは止めると降参したことがあつた、自分は一体に米国婦人の此態度を好まぬが、ラモント夫人の話に対しては一の敬意を払つて聴いた、実際日本に於ても今日こそ女子の高等教育を受けて居る者が微々振はないが、今日の如く社会状態が紛糾し、生活状態が複雑となり、将来益々その傾向が著しくなるやうでは、これに処する婦人も余程明敏な頭脳を有たねばならぬ、その明敏な頭脳を養ふにはどうしても教育に依らなければならんのである、今日一般に女子の高等教育を受くる者を以てハイカラとなし、飛び上り者とするが米国と同様に近き将来に於ては之が一般の常態となるに相違ない、されば女子の教育は益々発達せしめなければならぬ、これからの婦人は明敏な頭脳を必要とするが、更に今一つ大切なことは、強き記憶力である、記憶力と云つても一から十まで一切を知ることではなく、事物の真相要点及び自分の逢会した事件事物に対する其時の気分感想を云ふのである、最後に尚一言附加したいのは、これからの婦人は信念を必要とすることである、日本婦人は貞操に対しては存外強き信念を有し、生命を賭しても此の貞操を重しとするが、他の事物に対しては甚だ信念がない、婦人と雖も真理には従はねばならぬ、此の真理に依つて社会生存の上に逢会する事々に対し、真理に基く信念を以て処する丈けの覚悟がなければならぬ、即ちこれからの婦人は明敏なる頭脳、強き記憶力、固き信念を以て自分の常に説く共同奉仕の責任を果すだけの者でなければならぬ。

【出典】「女子と高等教育」『竜門雑誌』第三八三号、一九二〇年(渋沢青淵記念財団竜門社編　一九五五―六五、第四四巻、六二九～六三〇頁)。

渋沢の言葉は日本女子大学校の教育が未完のまま、無念の思いを抱いて亡くなった成瀬のかわりに時代を切り開く女性たちを鼓舞するかのようである。女性に対して高い教育に根ざした明敏な頭脳を求め、ハイカラと揶揄される有り様さえもすぐに社会が追い付くだろうと断言している。さらに具体的に物事の真相を理解するための明快な記憶力と物事に対する信念を持たねばならないと述べている。成瀬が自らの遺志として定めた「信念徹底」、「自発創生」、「共同奉仕」の綱領を意識して締めくくるところは、成瀬の遺志を伝えるものとしての覚悟がよくあらわれた名スピーチである。

それでも成瀬の遺志の実現には未だしばらく時間を要した。一九二七年に総合大学計画により予科高等学部を開校し、一九三〇年に大学本科が開設された。これは渋沢の亡くなる前年のことであり、さらに老骨に鞭打って校長を引き受けた渋沢の心意気は誰にも真似できないものであった。


【参考文献】

影山礼子（一九九〇）「成瀬仁蔵と渋沢栄一――その交流と教育思想における接点」『渋沢研究』第二号、渋沢史料館。

影山礼子（一九九四）『成瀬仁蔵の教育思想――成瀬的プラグマティズムと日本女子大学校における教育』風間書房。

影山礼子（一九九九）「男性と共に社会を担う女性の育成へ」渋沢研究会編『公益の追求者・渋沢栄一』山川出版社。

渋沢青淵記念財団竜門社編（一九五五―六五）『渋沢栄一伝記資料』〔全五八巻〕、渋沢栄一伝記資料刊行会。

第8章　新しい商人は卑屈になるな

渋沢が支援したのは東京高等商業学校や早稲田大学のような高等教育だけでなく、中等教育、実業教育レベルの商業教育も熱心に後援した。特に大都市・東京は官立以外にいくつもの私立学校による商業教育が開始された。その一例として京華商業学校を見てみたい。同校は、一八九七年に礒江潤によって創立された京華尋常中学校に併設する形で一九〇二年に開校された。入学は高等小学校を卒業した一四歳以上の生徒であった。初代校長には元農商務次官で地方産業振興運動に尽力したことで知られる前田正名を招聘した（在任一九〇三〜一九二一年、亡くなるまで名誉校長）。当初は一つの校舎を午前・中学校、午後・商業学校として授業を実施する形態をとったが、一九二九年に商業学校の独立校舎が建設された。

渋沢は時々式典等に出席し演説をしていたようであり、早い時期のものとしては一九〇四年の卒業式での渋沢による演説代読原稿が残されている。商業学校の第一回卒業式は翌年にもかかわらず「殊に私は此の京華商業学校の生徒諸君に多く望みを嘱して居ります」と日本における商業教育の必要性を説いている。

京華中学商業両校卒業修業証書授与式記事

偖《さて》お集りの御一同は皆学問に従事し研究の効を積まれ、他日愈〳〵《いよいよ》此の世の中に出で国家の為めに働かうといふ重大なる責任と抱負とを持つて居らるゝ末頼しい青年であると私は喜んで居ります、殊に私は此の京華商業学校の生徒諸君に多く望みを嘱して居ります、とは申すものゝ世の中の事物は商業ばかりで無く工業に農業に、又之を支配する政治など、すべてありとあらゆる事物か倶に進んで社会の繁盛をなすものであるから、独り商業のみに重きをおくやうなことを言ふは、一方に偏する様ではあるが、然し各自自分の責任如何を考へねばならぬ、即ち商工業に従事するものは、其本業たる商工業を今一層完全に従事して貰ひたいと思ふのは当然の事であります、私は三十年以前より商工界に身を立てゝ居る者でありますから、充分に研究の暁は商工業界に出る諸君をば、我が子か兄弟の感を以て迎ふる考へであります、故に私は学生諸君に対し現在の商工業の有様を述べ、軈《や》がて学問成就し此の社会に出られた暁の諸君の覚悟を第一にお話をして、幾分の御参考に供へようと思ふのであります、私は御存知の通り学者でもなく、又弁者でもないから、多数お集りの席に於て演説することは至極不馴れでありまして、或は学理に適はぬことや、道理の前後することあるやも知れませぬ、何うか其の辺は御容赦を願ひます。

偖商工業の現況を申上げますには、先づ其の以前の経歴を申上げてからにせねばなりませぬ、日本の商工業は現在も未だ幼稚であるが、三十年以前即ち明治の初年は最も幼稚でありまして、殊に幕府は他国との交通を禁ずる、所謂鎖国主義の為め商業の範囲が狭く、加ふるに総ての租税は物品徴収であつた、即ち米・酒・藍・塩・蠟燭等を金銭でなくひたすら品物で取り、その運送も政事に依つた故に、当時の商業は此等のものを小売するものと手間取りとの二つの有様であつた、特に国家は政治・軍備・法律といふものさへあれば、国を維持して行けるものと思ふのが多数の考へであつて、世間の頭脳ある人は皆其の方面に向つて力を傾けたからして、商工業以外維新の制度は、実質上の有様は兎も角、形式だけは稍々各国に似ましたけれど、斯方面は表面すらまだ〳〵御話しにならぬ次第でありました、海外の有様に於ても商工業のやうなヂミなものは、他の事物に比してさう直ぐに表はれぬ即ち法律とか政事とかいふハデなものは学ぶにも早く、誰も皆注目すれども、之に反して商工業は甚だ幼なかつたのでありますから、当時の我日本の有様は猶更のことであります、併し其の実充分に力の暢びた国はさうでなかつた、就中英吉利《イギリス》は第一の屈指の国であつて、其の主義とするところは独り兵備・法律・教育のみではいかぬ、国家全体の富が増さなければ国は進まぬ、それには商業が必要であると云うて漸く商工業に多数の力を入るゝことになつたのでありますから、商工業に付て我国は最も力を尽さねばなりませぬ、

〔中略〕

然しながら一般の人が何時までも左様に商工業を疎んずるといふことは、道理の許さぬことだらうと思ふ、仮令一時の戦争に勝つても、平和の戦争には商工業が盛んにならない中はだめであらうと思ふ、故に世の中も漸く此の説に傾いて来た、此の成行を譬《たと》へて見れば、お互に一つの身体が此の世に生れて六・七十が寿命であるから随分短いが、短い間にも一人前になるには相当の年限を経

ねばならぬと同じことである、我国も明治の初年には前述の如く幼稚であつて、今日も未だ〳〵幼稚であるからして、皆さんはよく覚悟せねばならぬ、幸に外国に対する交際は、通商上の条約も、交通上の事も、国の進歩に伴ひ百事拡張せられてありますから、先づ商工業に於ても、其の覚悟さへあれば左様に憂ふべきものでもありませぬ。

〔中略〕

我々実業は主客いづれに在るかといへば、寧ろ主に在ると思ふ、実業が主で、政治なり軍事が之れを援けて此の日本国家を盛にしたいと思ふので御座います、昔の日本は之と反対で実業はだめであつたけれども、今日ではさうでない、或者の軍備が主、実業が客との論も今日には間違ひはせぬかと私は恐れます、順よく進んで一時の福、一時の繁盛は此の明治二十七・八年の征清役より頻りに来たが、繁盛の間に変調の来るのは免れぬことで、毎七・八年に経済社会が一変するのでありす、他の国々のことは調べませぬが、聞く所に依ると矢張り七年或は八年位に一張一弛するさうである、亜米利加の如きは早くより風もあれば波もあつて波瀾が多い様である、日本に於ても同じく進む間に波動高低がある、明治二十七・八年以後は此の波動が大波となり、三年・五年立つても満足に行かぬ、これは支那償金より国の力を加へたるに因つて、過度なる仕組が政事に、実業に及ぼしたのだらうと思ふ、併しこれも一昨年頃から、追々世の説が、真の実力に無くして政事・軍備のみでは宜しくない、成る可く整理する様に心掛けるが必要であるといふやうになつた、其の結果先づ今日では商工業に大なる利益も無いが、其の代り大なる怪我も無い時代となつて、新聞で見ても銀行にしても、金が幾らか余つて居るものが、沢山ある様になつて来た、今申す様な有様で、商業は多少平穏であるし、工業も利益は無いが、おとなしくある、只恐れるのは、斯様では明治の始めから三十年頃迄の進み方に比較すると、其の足が鈍いといふことである、元来、日本の商人は世界的でなく、公衆的でなく、自分の商業にのみ満足して居るからだめである、亜米利加等に向てもどん〳〵はじめねばならぬ、仮令凌駕侵入まで行かなくとも、東洋第一と云ふ位で無ければならぬ、朝鮮・支那の銀行にも共に働きかけて行かねばならぬのにいかがである、

〔中略〕

斯ゝる時に各々方は学成つてこれに従事せねばならぬ。又前に溯って元来我国には学問的の商業は少なかつたが、幸に今日は教育が大に進んだからして、今申した大学の話の様な事は、今後無い様にしたいものであります。それで其の先輩、此等がどういう様であるかと云ふと学問の無い方であるから、頭に立つて居る人々は皆不規則なる成立をなした人々は種々ある。此れから出掛ける人々は種々なる風雨に当り霜に氷に、種々なる艱難に打勝ちて一人前の人となられはならぬ、故に基礎学問をした諸君は未来には、一山挙つて事をする様になつて戴きたいと私は希望します。任重くして道遠し、諸君は充分なる覚悟を以て働くと云ふことを、今よりお心掛けある様に願ひます。

未だ社会に出ない中にどういふ覚悟を持たねばならぬかと云ふことに就て、一二の注意がありまず、人間の一生には色々の事がある、其の百端なる間に立ちて肝要なることは、どうもこの日本人は押並べて、此れ迄のみでなく近頃でも甚だ嫌ふべきことは、多数一致の心の欠けて居ることであ

る、これが欠けて居ては最も不利益であります、御覧なさい、日本人は一人では智恵があつて、三人とか五人とか沢山で議論すると、もう纏まらない。「三人寄れば文珠の智恵」と云ふが、日本人は三人でも幾人でも、多くなれば多くなる程悪魔の智恵である、彼の始めには団結して終には大なる喧嘩を引き起して社会を擾乱せしむること等があるのも、此の精神が欠けて居るからである、三角や四角なものと円いものとを寄せて、一つの器を造らうとすると出来ない其の一つとしてはよいが、集つて出来ないのは残念ながら我国お互の気風でないかと思ふ、昔の武士道なども、或点に就いては此等の気風が原因して居りはせぬか、所謂「善をして己れに同意せしめよ」といふことが、支那の教へにある、日本人はよく之れを守らねばならぬ。要するに此の結合力、即一致すると云ふことは、斯る学校の時代の素養で岐かれる。此の一堂に居らるゝ人々は、相当なる習慣を付けて、何処までも仮令ひ学校を出ても心力を一斉にして失はない様にすればよい、何卒其の点に就いて今日から御注意あつて、努めて共同の力を養つて戴きたい、今の器の風には習はぬ様に希望いたします。

今一つは志操を堅実にするといふ事であります、これも日本の人の特性で、遷り気・変り易いことは免れぬ様に思はれる、これは事物凡ての方面の成効に大なる妨げをいたします、強い考へを養はないと、社会に立つる後には堅実なる仕事を成し得られぬと私は思ふ、変り易い即ち俄かに転ずると云ふものは、皆此の志操が堅実で無いことから原因する、此の気象が充分でないと、大なる仕事・大なる成効を遂げ難からうと思ふ、功成つた暁には先づ其の方向を定めて、一旦定めたならは、何時までも其れを通し、如何なる困難にも屈せず、やり通す考へを持たねばならぬ。加ふるに志を高尚にするには、道徳の念を養はねばならぬと云ふ事もあり、其他色々な話はあるけれども、余り数多いのは、恰も料理の品数多くて食ふに困る如く、やつて善いか悪いか解らぬ様になるからこれ丈けにして、此の志操を堅実にすること、一致することは、世の進歩し繁昌する上に大いに必要であると云ふことを、よく御承知を願いたい、志操の堅実は或る場合には人と衝突し一致か欠ける様であるが、併しこれは決して並び馳せて敗を取ることはありませぬ、今日の商工業界をして又更に進め、更に振はすべき未来に極く重い任を負ふて居る諸君に向つて、其の前進を祝し且つ私の希望を申上げて置きます。

【出典】「京華中学商業両校卒業修業証書授与式記事」『京華中学校校友会雑誌』第一七号、一九〇四年（渋沢青淵記念財団竜門社編　一九五五―六五、第二七巻、二〇七～二一〇頁）。

日本の商工業軽視の風潮を指摘し、それに対して欧米に見習って商工業重視の社会を作らねばならないことを強く主張している。さらに民間主導の国家観を語り、それにふさわしい人材として国際感覚を挙げ、さらに協調精神を唱えた。最後に「今一つは志操を堅実にするといふ事であります」「強い考へを養はないと、社会に立つる後には堅実なる仕事を成し得られぬと私は思ふ」と後に道徳心や倫理感を強調する萌芽が見て取れる。ここには例えば高等商業学校との扱いの違いや役割区別といった意識の差は微塵も感じられない。

同校からは、東京高等商業学校（東京商科大学）と早・慶・明を中心とした私大を中心に進学する生徒と、三井銀行、第一銀行、三越呉服店、日本電気、東京瓦斯、三井物産といった大手から、中井銀行、書上商店、柳瀬自動車といった新興の、銀行、商社、メーカー、保険、小売業といった広範な会社ならびに金融機関に就職する生徒がいた。一方、東京という大都市に数多く存在したさまざまな中小製造業、小売業、サービス業等の家業に従事する跡継ぎの養成所ともなっていた。渋沢の教えは、商業学校を卒業し、さらに進学して大企業に入るエリート層から直接に企業に就職する中堅層、都市に多数存在する中小の製造・小売、サービス業に至る広範な産業の担い手に投げかけられていたのであった（詳しくは、橘川、島田、田中編著 二〇一三、一四四〜一五五頁参照）。

次に広く世間一般にむけてはこのテーマに関してどのように伝えていたのかを見てみたい。一八九七年に神田青年会館において「商工業者の志操」という論題で、一般向けに講演した内容である。神田青年会館は、正式名称を「東京基督教青年会館」といい、一〇〇〇人を超える聴衆を収容できる大講堂を備えていた。この講演の三年前に竣工しており、渋沢は冒頭で、関係する会社の株主総会で何度か利用していることに言及している。

商工業者の志操

世人は動《やや》もすると商売人は錙銖《ししゅ》の利益を争ふものである、又商売はさう真面目腐つた事ばかりでは出来るものではない、事に依ると嘘も一分の資本である抔《など》と云ふ誤解を懐いて右様な説を吐く人が往々あるやうに承りまする。成程多数の商売人の中には或いは嘘吐きもございませう、併しそれを言うたら政治家にも学者にも嘘を吐く者が沢山ある(拍手起る)。商売人は嘘が資本だ抔とは何処の馬鹿な奴が言つたか何処の心得違ひの者が申したか、其の者こそ私は大声罵詈《ばり》せねばならぬと思ふです(拍手起る)。実際商売人程嘘言うてならぬ者はないのです。学者の事は私は能く知りませぬが、政治家の如きは事に依つたら已むを得ず嘘を吐いても他人が之を赦すかも知らぬ(笑声起る)。又実際嘘を吐くかも知らぬ。併しながら商売人は決して嘘を吐いてはならぬ、又嘘抔を吐くべき者ではないのであります。若し商売人が嘘を吐くやうならば、其商売は即ち昔日の小売商売に変化をして、商売人の徳義も信用も地に墜ちて了はなければならぬ。商業は元来何に拠つて立つかと云ふと、即ち信用に拠ると言はねばならぬ。而して其信用と云ふものは何に根拠を保つかと言つたら、即ち嘘吐かぬと云ふことが最も信用の根拠を為すと言はねばならぬ(拍手起る)。故に商売人が是非心掛けねばならぬことは、一言一句も必ず自分が言うた丈の事は吃度すると云ふ決心であらうと考へる。商売上に就いては少々位の嘘は吐いても宜しいと云ふが如き心得は大いなる間違ひであつて、商売人は何処までも信用を重んずると云ふことを是非とも今日は勿論、向後も益〻強く行つて往かなければならぬと、斯く私は思ひます。

　又商売上は勘定に属する、所謂損得に属する営業をするが為めに、気性が甚だ卑しく、甚だ狭小になると云ふ嫌ひがあり勝ちなものである。併し是れも私は大いに考へが違ふと思ふ。商売人は決してさう云ふ訳の者ではなく、却つて気性を至つて高遠に持たなければならぬと思ふ。成程扱ふ所の仕事は学術とか政治とか云ふものとは比較的俗なものであるには違ひない。併し商業と云ふものの往き渡る所の関係は即ち国家をして力強くならしむると云ふ点にある。又此の文明を進めて往くのも何に拠るかと言つたら、即ち商売や工業であつて、之を除いては、文明とか富強とか云ふことは那辺に求めるでございませうか(拍手起る)。然る上からは其実務に従事する商工業者は、仮令其為す所の仕事が比較的に俗事であるからと言つて、其志が猶卑俗で宜しいと云ふことは決して私には受取れぬのであります。故に商工業者の気位は始終高尚にして且つ敢為な気性を有つと云ふことが最も必要である、と言うて必ずしも冒険的の事業が商売人に極く必要と申すのでもなく、危い仕事を工業者はやつたが宜からうと云ふ趣意でもありませぬが、心掛を成るべく卑俗でないやうにし、高尚にして且つ勇敢な気前を持つやうにしたいと云ふことを私は厚く希望するのでございます

第三に注意すべきことは、商工業者は兎角事実の関係が強いが為めに、学問に就いての観念が甚だ乏しいといふことである。是れは独り日本ばかりではない。海外諸国に於いても左様な有様があるに違ひないが、日本では今日でも往昔でも最もさう云ふ弊害が多いやうに思ひます。尤も此の学問と云ふものは、骨髄まで十分に研究し尽すと、決して事実と背馳することはございますまいけれども、十分取調べが出来ぬ事柄に就いては、或いは学理上は左様であるが、実際はさうはいかぬと言ふ事が間〻生じ易くして、是れが為めに学者の説に従つて大いに損をしたと云ふ事も屢〻聞きまするが、是れが原になつて、実際の損益上から或いは学問を疎んずると云ふ弊害を醸すことが多いやうに思ひます。併しながら、商工業者は決してさう云ふ弊害に隔つてはならぬ、最も学問を尊み、最も学理を応用することに勉めて往かなければならぬです(拍手起る)。

【出典】「商工業者の志操」『竜門雑誌』第一一三号、一八九七年（渋沢青淵記念財団竜門社編　一九六六―七一、別巻第五、二二四〜二二五頁）。

ここでは前後を省略しているが、まず、織豊期から江戸時代を経て開国後に至る、日本の商工業の変遷について概観している。その上で、商工業者の志操＝心の持ちよう、何を心がけるべきかについて説き始めている。そして商売上の嘘が商工業者の信用を傷つけること、積極性と荒々しさは異なること、学問が商売の事実に合わないことはないことを対比的に説いている。さらに、この引用箇所の後に、渋沢がたびたび言及している話だが、明治初期に帝国大学卒業生が瓦斯会社への就職を「民間には名誉が無い」と言って断わったのを期に渋沢が優秀な人材を民間会社に誘導するための商業教育を強力に支援するようになった話を紹介している。そして私利と公益の一致について事業を営むことは、個人の栄華のためでも、家族の幸福のためでも、家のためでもあるべきではなく、道理正しい個々の事業が集合して公の社会を構成すべきであることを力強く説いている。

メッセージのパターンは渋沢の典型的なスピーチと言えるが、その力強さ、はっきりとした主張がダイレクトに語られている点で、学生や生徒に語る時よりもさらに明快である。旧来型の商人の旧習は根強く、それを打ち消す強いメッセージを社会に出し続けなければいけないという強い使命感がよく表れている。これらのメッセージを社会で、そして新たに育成しはじめた商業教育の現場で語り続け、商業教育の地位向上に多大な労力を費やし続けた結果、長い時間はかかったけれども徐々に社会は変わっていったのであった。

【参考文献】


学校法人京華学園編（一九九九）『京華学園百年史』京華学園。

橘川武郎、島田昌和、田中一弘編著（二〇一三）『渋沢栄一と人づくり』有斐閣。

三好信浩（一九八五）『日本商業教育成立史の研究』風間書房。

渋沢青淵記念財団竜門社編（一九五五―六五）『渋沢栄一伝記資料』〔全五八巻〕、渋沢栄一伝記資料刊行会。

渋沢青淵記念財団竜門社編（一九六六―七一）『渋沢栄一伝記資料』〔別巻一〇巻〕、渋沢青淵記念財団竜門社。

第Ⅲ部

国際社会へのメッセージ

日本国際児童親善会（1927年3月3日）

日本が日露戦争に勝利すると世界が日本を見る眼は変化し、日本を取り巻く国際関係は日本を「脅威」と見る新たな緊張をはらむものとなった。さらにロシアに共産主義革命が起こり、新たな国際関係の出現の中で日本はどうすべきかを考え直さねばならなかった。

世界の対立を緩和するためにさまざまな宗教の共通項を探し求めたり、米国を中心に対話可能な相手を自ら探し求める行動を重ねた。しかしながら、アジアにおける日本の権益を保持しながらの対話はなかなかいい結果に繋がるものではなかった。

そんな中でもがき苦しみながら、人々に、見えない道を探すためのメッセージを送り、行動し続けた渋沢を知ってほしい。

第9章　宗教の根源を求めて——帰一協会のメッセージ

渋沢は、第Ⅱ部で紹介したように、さまざまな教育機関の支援等を通じて教育者や多様な領域の学者とも親交を深め、渋沢自身の社会活動のインスピレーションを得たり、パートナーを組んだりしていった。そこには渋沢自身の強い思いによって強く主導されたものもあるし、先方の活動に渋沢が共感して財政的な支援をしたものもあった。その度合いはさまざまであるが、大正期以降の思想や民間外交に関わる活動のベースとなったのが、ここで紹介する「帰一協会」であった。

帰一協会は、「異なる宗教が相互理解と協力を推進して「堅実なる思潮を作りて一国の文明に資す」」ことを目的に一九一二年に設立された（沖田 一九九九、二四三頁）。そもそもは第7章で触れた日本女子大学校創立者の成瀬仁蔵が発起して、渋沢とキリスト教徒の財界人・森村市左衛門に呼びかけたのが始まりと言われている（姉崎正治氏談「青淵先生関係事業調」渋沢青淵記念財団竜門社編 一九五五—六五、第四六巻、四一四頁）。この背景には一九一〇年の大逆事件や社会主義思想の登場という騒然たる世相に対し、内務官僚の床次竹二郎らの支配者層が国民統制の一手段として宗教に期待をかけていたことも遠因となっていた（一九一二年六月の三教合同の会合、高橋 二〇〇二、四三頁）。

このような前史を経て、一九一二年四月一一日に思潮界改善の方法に関する研究団体結成に向けての第一回の会合が、成瀬仁蔵の呼びかけにより井上哲次郎（東京帝国大学哲学教授）、中島力造（東京帝国大学倫理学教授）、浮田和民（早稲田大学政治学教授）、姉崎正治（東京帝国大学宗教学教授）、上田敏（京都帝国大学教授・文学者）、シドニー・ギューリック（宣教師・同志社大学神学部教授）らを渋沢が招待する形で開かれた。会の活動内容としては、宗教・哲学・道徳・社会・教育・文学に関する論文や評論を掲載する雑誌『帰一協会会報』を刊行し、内外の学者の交流や国際会議、および講演会等の開催を企画していくこととされた（沖田 一九九九、二四九〜二五〇頁）。渋沢は設立からしばらくの間、毎回欠かさず例会に出席していた。

会の常連メンバーとしては、先にあげたメンバー以外では、阪谷芳郎（渋沢娘婿・東京市長等）、原田助《たすく》（同志社大学教授・総長）、桑木厳翼（東京帝国大学哲学教授）、床次竹二郎（内務官僚・政治家）、荘田平五郎（三菱）、塩沢昌貞（早稲田大学総長・経済学）、服部金太郎（服部時計店・精工舎）、矢野恒太（第一生命）などであった。やはり学者と実業界からの参加者が多かった。

渋沢はこの会にいかなる期待をもっていたかを見ていこう。以下は、一九一二年の第一回準備会時の発言である。

現代思想界講究に関する集会

現今の我が日本に於ける諸種の宗教信仰、道徳思想が雑然として人心の帰着に迷ふ事が甚だ多いのであるが、吾人《ごじん》は此の状態に甘んずべきか、之に対して何等かの救済策はないであらうかといふのは、常に吾々《われわれ》の念頭を離れぬ事である。十数年前に、ドイツの或る学者が我邦に来り、予と会談したる時、明治維新の政変後、日本国家の統一が速かに成就したのは殆《ほとん》ど不思議の様に感ずるが、其の原因は何処に在りやと問を発した事がある。其の時、予は之に答へて、皇室が国家の中心たる事と儒教の道徳が一般人心を支配して大義名分を明かにして居る事を答へたのである。然《しか》るに其の人は此の説明に対しては尤《もっと》もなる事と首肯《しゅこう》したけれども、更に問を発して曰《い》ふには、貴下は此等の勢力が尚将来にも持続せられて、日本は如何なる社会の変遷に逢ふも、其の権威の下に立ちて、動揺を来す事なしとせらるゝかと。此の質問に対して予は将来も亦然る可しと信ずるとは答へたれど、其の実、内心不安の念なき能はず、爾来折に触れ、此の問題を他の親友との間に幾回となく惹起したが、一も満足なる解決を得ず、且つ近年社会思想の状態を見れば、此の点に付いての憂慮は益々加はる有様である。蓋《けだ》し予は自分一個としては論語を基本として、儒教に安心を求めて世に処すれば十分であると信ずるも、此を他に施す上に於ては、それのみで満足であるかとの疑を生じて来るのである。一般の社会には、従来の仏教の感化が尚遺れるものあるも、此等も終に如何になるべきであるか、又基督教の如きも、自分は毎週牧師の講義を聴きつゝあるが、奇蹟など云ふ事に至っては到底之を信ずる事は出来ぬ。而かも基督教が実際人心の品性を感化する勢力は、之を認めざるを得ない。故に仏耶《ぶつや》〔仏教・キリスト教〕何れも棄て難き点はあるけれども、時勢の変遷に応じて人心に真の帰着を与ふる勢力は、吾人何れに向つてこれを求むべきか。

此の問題に付きて、学者実際家其の他種々の方面の意見をも知り、研究を進めたき希望にて今日の会合を催した次第である云々。

【出典】「現代思想界講究に関する集会」一九一三年、『帰一協会会報』第一、一〜四頁。

渋沢が近代日本の拠り所としていたのは、皇室の存在と儒教道徳の観念であったが、さらに社会思想面の動揺を心配し、時勢の変化に対応した新しい思想への期待を語っている。次に同時期の記述をもう一つ見てみよう。渋沢は明治中期にあるドイツ人と問答したことがきっかけとなったと語っている。

統一的大宗教

『……日本国民が協心一致天子に奉ずるの心を維持することは如何なる宗教心に因るか。政治上の気運として天子を尊崇することはあらうけれども、一般の人民が家庭にも社交にも常に忠君愛国を主とするは、何等か宗教的信仰に依らなければならぬ筈である。願くは之に対する解釈を聞き度い』と切り込んで来た。

余答へて曰く『それは天子尊崇の主義に起因するは勿論であるが、一般には神、儒、仏三教の感化が其の多きに居ると思ふ。余は其の道の学者でないから王朝時代の教育を詳細に説くことを得ぬのを遺憾とするが、徳川幕府時代に入りては孔子の学、即ち儒教なるものが盛んに日本に行はれ、武士は専ら之に拠つて身を立て、百姓町人も武士と交り得る程度の人と、同じく儒教を以て一身の指針とした。而して其の教ふる所は孝悌忠信《こうていちゅうしん》とか、仁義道徳とかいふものであつた。けれども此の教は多く士太夫以上の者を教育するに止り広い社会を指導した所のものは寧ろ仏教であつた。併し仏教もそれ等の社会に行はれた所は極めて抽象的のもので、決して詳細に説いたのではない。例へば寺院へ参詣し、叩頭して頼めば幸福が来るといふ様に浅薄に教へたものだが、これが存外広く人を指導した様に見受けられる。又神教は日本の皇祖を尊奉する教だが、これも広く一般国民の頭脳に宿つた所であつた。而して更に此等の教を事実に示して人を教化誘導したものは、娯楽の方面の芝居、講談等であつた。それ等のもの丶作意には必ず勧善懲悪の意を加へ、神や仏が示現して悪人亡び善人栄ゆるの意を具体的に示したものであるが、教育の卑い人々には亦これが少からず感化力を持つて居たものである。要するに孔子の直なる教と神仏の指導的の教とに依りて人心を維持して来たものである』と語つた。

宗教の衰頽《すいたい》は意とするに足らざるか　某氏三度問ふ『貴説に依りて日本に各種の階級に応じたる教育の仕方のあることは之を審《つまびら》かにするを得た。然れども更に疑問とする所は左ばかり人心を左右せる儒教は今日猶盛んに拡張せられつ丶ありや。神道仏教は政治上或は学者社会に攻究せられつ丶ありや。聞く所に由れば近時ク〔キ〕リスト教も伝来して、日本の儒教界は錯雑して居るらしく、而して従前の教は今や衰運の兆があるとのことであるが、若し従来の教が衰頽して仕舞うても、日本人は何等痛痒を感ぜざるか。其の時に到らば、如何なるものをか必要とするであらうが、旧来の教に代るべき何物か他にこれありや。神、仏、儒の力が次第に減退するとせば、別に之に代るものを需《もと》めざれば将来の人心を繋ぐことが出来ないであらう。それ等に対する高説を請ふ』と押詰められた。

然るに余は此の質問に対して明確なる答を与へるだけの考案を持つて居らなかつた。故に已むを得ず『此処に到ると宗教家、道徳家、哲学者などに請うて、其の最善最良の手段と方法とを攻究して貰ひ度いと思ふ。而して自分一人の理想としては神、仏、儒の別なく、それ等を統一した所の大宗教が出ればよいと希望して居る。言ふまでもなく宗教と謂はれる位のものなら、其の窮極の道理は一つであるから、此等を統一した宗教の出来ぬといふこともあるまい。よしそれ迄に至らずとも、道理は決して磨滅するものでないから、仮令《たとい》、神、仏、儒の諸教が衰へたる如く見えても此の中孰れかゞ興りて人心を繋ぐやうになるであらう』と答へたが、結局此の問には明解を与へることが出来なかつた。

統一的宗教の出現を望む　余は此の時よりして各宗教を合同統一したる大宗教は起らぬであらうかと祈念して居たのである。固より学者でないゆゑこれに就いて人を感動させるだけの意見を述べることは出来ぬから、渋沢は空想論に耽るものであると人に非難されるかも知れないが、仮令余が唱導せぬ迄も何時かは此の説が社会に起りはせぬだらうか。平和論は政治上より行はれ、言語統一の説も学者社会に依りて考へらるゝの時代となった。平和も其の極に達すれば互に国家を設けて相争うたりすることは無くなり、遂には全世界を打つて一団とせねばならぬ。又言語も人種の変る如く異つて居るのは黄金世界ではない。何時かは彼の学者一輩に依つて研究されつゝあるエスペラントも、世界語となるの時代が来るかも知れぬ。斯の如く考ふれば、何時か宗教も一色となり、何人にも信仰を持ち得るの時代が来ぬとも言はれぬ。これは果して空想か、それとも実理か。斯く云ふ自分にすら論断することは出来ぬが、一の希望としては之は何処までも継続して考へて見度いと思ふ。

【出典】「統一的大宗教」『青淵百話』七、一九一二年（渋沢青淵記念財団竜門社編 一九五五―六五、第四六巻、四二一～四二二頁）。

日本における宗教の役割を問われ、さらに儒教が庶民にまで浸透した教えであったかとさらに質問され、答えに窮したことが、今回の帰一協会参加の動機であることを語っている。究極の道理というものを求めることができるのではないかと期待を語り、さらにはそれが世界平和につながることを理想論とわかりつつ、取り組む必要を説いている。

渋沢は、世界情勢のめまぐるしさに対して一九一五年三月一〇日の帰一協会の例会で「時局に対する国民の覚悟」を表明した。一九一三年の排日土地法案の上程といった一連のアメリカ・カリフォルニア州における日本人移民の排斥運動、一九一四年の第一次世界大戦の勃発等の世界情勢に渋沢は強い懸念を持っていた。渋沢の眼は国内の問題から国際的な世界情勢に大きく見開かれていった。

時局に対する国民の覚悟

今日欧羅巴《ヨーロッパ》の戦争の有様は、細かに承知は致しませぬが実に惨澹《さんたん》たる有様である。殊に独逸《ドイツ》の行動の如きは、所謂文明なるものは何れにあるか分らないといふやうな次第である。蓋《けだ》し其の根源は前にも申した通り道徳といふものが、国際間に遍《あま》ねく通ずることが出来ないで遂に是に至るものと思ふ。果して然らば、凡そ国たるものは斯かる考を以てのみ其国家を捍衡《かんしょう》して行かねばならぬものであるか、何とか国際の道徳を帰一せしめて、所謂弱肉強食といふことは、国際間に通ずべからざるものとなさしむる工夫が無いものであらうか。畢竟政治を執る人、及び国民一般の観念が、相共に自己の勝手我儘を増長するといふ慾心が無かつたならば、此の如き残虐を生ぜしめることは無からうけれども、一方が退歩すると他方が遠慮なく進歩して来るやうでは、此方も進まなければならぬから勢ひ相争ふ様になり、結局戦争せねばならぬことになる。殊更其の間に人種関係もあり、国境関係もありませうから、或る一国が他の一国に対して勢力を張るのは其意を得ない、これを止めるには平和ではいかぬといふので、遂に相争ふ様になるのであります。蓋《けだ》し己れの欲する所を人に施さないのであつて、たゞ我を募《つの》り、慾を恣《ほしいまま》にし、強い者が無理の申分を押し通すといふのが今日の有様であります。

一体文明とは如何なる意義のものであるか、要するに、今日の世界はまた文明の足らないのであると思ふ。斯く考へると、私は今日の世界に介在して将来我国家を如何なる風に進行すべきか、又我々は如何に覚悟して宜いか、已む事を得ずば其渦中に入つて弱肉強食を主張するより外の道はないか。是非これに処する一定の主義を考定して、一般の国民と共にこれに拠りて行くやうにありたいと思ふ。我々は飽く迄も己れの欲せざる処は人にも施さずして東洋流の道徳を進め、弥増《いやま》しに平和を継続して、各国の幸福を進めて行きたいと思ふ。少くとも他国に甚しく迷惑を与へない程度に於て、自国の隆興を謀るといふ道が無いものであるか、換言すれば、相争ふの極戦乱の惨虐を見るが如きことなき仕方は無いものであるか、首道者間にて深く考へたならば、必ず方法が無いとは云はれますまいと思ひます。国民全体の希望に依つて、自我をのみ主張することを罷め、単に国内の道徳のみならず、国際間に於て真の王道を行ふといふことを思ふたならば、今日の惨害を免《まぬが》れしめることが出来やうと信ずる。是に於て私は特に講究したいのは、王道と覇道との相違である。世界各国協約して、成るべく王道によつて進んで行くことが出来やうと思ふ、もしも之に反して益々覇道を進めて行くならば、常に相呑噬《どんぜい》するの外は無い。斯の如きは時として自己の申分を押し通すとも出来ようが、更に他のより優勢なる国の申分と衝突して相争はざるを得ないことになる。

私は今日直に国民全体に此覚悟を持たしめるといふ訳には行かぬと思ふ、併しながら、斯かる世の中に処するには成るべく挙国一致の希望とし、之を一般の国情として行くことに致したいと思ひます。此の戦局が収まつた後に於て、全国民の希望が斯くありたいといふことを、此際我帰一協会より発表して自然他を感化せしめて、所謂輿論を作る道を講ずることは出来まいか。併し諸君の御意見の多数が、それは到底不可能事であるから、已むを得ず弱肉強食の渦中に這入るが宜いと言はれるか、もしも必ず行はれるといふ確信はなくとも、相誓ふて斯の王道を講ずるならば、幾分か防ぐことが出来やうと思ふ。

私は今度の戦争に就いて、孔孟の道徳も、何処に標準を立てゝ宜いか少しも当てにならないやうになつた気が致すのである。さらばとて人たるものは、如何に個人々々の利益を考へて見ても、嘗《かつ》て申した如く仁義道徳と生産殖利とは、決して不一致のものではない、仁義道徳は其富を進めると同時に其人の人格をも進めるものに相違ない。果して仁義道徳と生産殖利とが一致するものならば、道徳は何処までも長く人の守るべきものであるが、たゞ国際間にそれが行はれないといふのは実に情けない話であります。何としても国際上には必ず仁義道徳は応用し得ないものであるか、それは主治者が王道を知らぬからであると思ふ。故に我々は此際大にこれを融和する道がある、調節する方法があると思はれるであります、其のことに就いて諸君はどうか私の蒙を啓かる、やうに願ひたいと思ふ。

【出典】「時局に対する国民の覚悟」一九一五年（渋沢青淵記念財団竜門社編　一九五五―六五、第四六巻、五八五～五八六頁）。

このような渋沢の強い危機感を具体化するために帰一協会に対して「今回の世界戦乱に際し特に我が国民道徳の標準を確定する必要なきか」と問いかけ、浮田和民、中野武営、姉崎正治、阪谷芳郎など二七名をメンバーとする「時局問題研究委員会」を一九一五年三月に組織し、その後約九か月かけて答申をまとめていった（渋沢青淵記念財団竜門社編　一九五五―六五、第四六巻、五八七頁）。

この答申は帰一協会が初めて世間に直接送ったメッセージと言われて評価されているが、答申をまとめるためには多大な労力と時間を要することとなった（高橋　二〇〇二、四七頁）。さらに最終文面には「宗教」という言葉さえも盛り込めず、宗教の役割や位置づけには一切言及しないものになった。既存宗教間の隔たりの大きさ故に宗教という言葉に対する何らかの共通理解を得ることさえも困難だったことを示すものでもあった。またこの問は渋沢によって会員に投げかけられたにもかかわらず、そのとりまとめを渋沢自身がおこなわなければならなかった事実からもこの取り組みがいかに難しかったかがわかる。

その後、会は衰退に向かい、毎回の例会内容を余すことなく収録して年二回欠かさず発刊されていた『帰一協会会報』は一九一六年の第八号以降、丸四年にわたって発刊されず、一九二〇年に再開された再刊行も四号を以て途絶えた。その間、『叢書』という形での意見表明は続くが、会の自由な議論を伝えるものではなくなっている。井上哲次郎は「いろいろな人がいろいろな意見をかはるがはるに述べるのみで、宗教は寧ろ不帰一の傾向になって来たので、宗教的信念より云へば、予期した所より寧ろ横にそれて行つた感がある。初一念の真精神を失つて末梢的になつていつたことは確かである」と述べている(井上哲次郎「渋沢子爵追憶談」一九四一年、渋沢青淵記念財団竜門社編 一九五五―六五、第四六巻、四一八頁)。

渋沢の一九二八年の帰一協会に対する言葉として「今では宗教団体でもなく、学問的研究の会でもなく、単に一種の相談会として存在してゐる始末で、私も滅多に顔を出さない」とあり、会が期待はずれなものであると、批判的にもなっている。姉崎も「子爵(渋沢)が失望されたと云ふことは確かです」と認める発言を残している(「雨夜譚会談話筆記」渋沢青淵記念財団竜門社編 一九五五―六五、第四六巻、四一三〜四一六頁)。

学者や宗教家を糾合し、混迷する時代に対する英知を集めて対処法を生み出そうという渋沢の考えは、あまりに理想主義的であり、同時に思想や宗教自体の対立や距離の遠さを浮き彫りにして渋沢に大きな失望・挫折を残した。とはいえ渋沢は国際問題や社会問題に対して自ら何等かの対処をしていく姿勢を変えることはなく、帰一教会でできたさまざまな人脈をケースごとに生かして、民間外交や具体的な社会問題に行動するべく再出発を図っていった。

【参考文献】

沖田行司（一九九九）「国際交流を推進する平和主義教育構想」渋沢研究会編『公益の追求者・渋沢栄一』山川出版社。

高橋原（二〇〇二）「帰一協会の理念とその行方――昭和初期の活動」『東京大学宗教学年報』第二〇号。

第10章　初めての米国訪問

渋沢は生涯に四回米国を訪問している。それは少人数の旅だった一九〇二年、五〇名余の渡米実業団団長としての一九〇九年、サンフランシスコの万国博覧会時の一九一五―一六年、ワシントン会議時の一九二一―二二年の四回であった。六二歳にしてはじめてアメリカ合衆国を訪問した渋沢はいかなることを感じ、人々に伝えたのだろうか。

一九〇二年五月一五日に横浜を出港し、ハワイに寄港し、二週間の船旅で五月三〇日にサンフランシスコに到着した。サンフランシスコでは極東のモルガンの来訪と報じられた(渋沢 一九七〇、六〇頁)。そこでは造船所を見学し、横断鉄道で東に向かいシカゴでスイフト食品会社の大規模に自動化された食肉工場を見学し、ピッツバーグでUSスティールのこれまた巨大な製鉄工場を見学している。六月一五日にワシントンに入り、セオドア・ルーズベルト大統領に面会し、アメリカの門戸開放政策の立案者であるジョン・ヘイとも会談している。大統領からニューヨークの商工会議所会頭モリス・ジェサップの紹介を受け、ニューヨークでは数々の財界人と知遇を得ている。コンソリーデイテッドガス会社のアンソニー・ブレディ社長をはじめとして、その後、長らくの友人となるナショナルシティ銀行のスチルマン頭取、フランク・バンダリップ副頭取(のちに頭取)、鉄道王エドワード・ハリマンなどであった。渋沢が出会った当時のアメリカを代表する企業とその経営者たちは合併による巨大化、独占化によって富の集積を強力に推し進めており、まさに彼らの絶頂期であった。渋沢はアメリカが急成長する、まさにその担い手のビジネスマンたちに会うことができたのであった。

七月二日にニューヨークを出港してヨーロッパに向かい七月一八日にはリバプールに到着した。八月一八日にはパリを三五年ぶりに訪問した。その後、ドイツ、ベルギー、イタリアとまわり、九月二〇日に帰国のためエジプトのポートサイドから乗船し、スエズ運河を航行してシンガポール島に立ち寄り、一〇月三〇日に神戸に到着した(同、九六頁)。

ここで紹介する渋沢のメッセージは、帰国後の一一月八日東京商業会議所での帰朝歓迎会での演説である。

東京商業会議所報告①

私の日本を発しましたのは五月十五日てあつた、桑港《サンフランシスコ》に着致しましたのか其月の三十日て、是からか商業会議所の訪問を始めるの抑《そも》も手始て御座います、桑港の商業会議所会頭はニユーホールと云ふ人てこさいまして、之に面会を致して日本の商工業者を代表する所の全国商業会議所聯合会、若くは東京の商人を代表する東京商業会議所は斯る考を持つて居りました、其任務を帯ひて私は漫遊旁々《かたがた》罷り出た訳てあると云ことを詳しく通しました、同地商業会議所の会頭は大に喜んて其意を領して、併せて其会場に案内をして一覧せしめ、其他の方面に付ても案内をされました、桑港は御案内の通りまた新創に属する場所て商売工業か極《ご》く完備して居るとは亜米利加に於ては申せぬて御座いませう、且私も五月三十日に着して六月三日に立つと云ふやうな都合てあつたから、見聞を致す時日は十分御座いませなんた、詰り商業会議所に立寄つて其事務の扱振り其他の手続を見ましたか、極く感心致しましたことは何うも人手を大層省略して居る、而して用か左まて弁せぬとは思はれぬのてあります、併し如何に亜米利加と雖とも、商業会議所の事務を現今の我会議所の如く取扱はしめたならは、あれ程の節約ては行きますまいか、蓋《けだ》し相集つて議すると云ふ趣意か要務て、種々な調査若くは報告抔《など》と云ふやうなことに付ては我々の現在取扱つて居るよりは余程簡略にやるものと見受けられました、書記長・書記共総計一人てある、其外手伝ひか一人り居るけれとも是は立派な事務員とは言はれない、会頭たるニユーホール氏は中々活潑な男て相当の資産もあり、地方に於ても評判の宜しい人てある、段々話をして見ますると、亜米利加人は学術的の廻り遠い話は極く嫌ひて詰りとうすれは銭か儲かるかと言ふ様な真率なる調子に言ひますから、少し拝金宗と云ふ嫌いてあります、私も決して詩人てもなけれは哲学家てもこさいませぬけれとも、ちよつと交際つて見ると少し気韻か卑《いやし》いと云ふ調子かあるか、まあ取つたか見たかの鋭い人てあると云ふことは十分言へる、夫程活潑なる会頭を戴く会議所かたつた一人の書記て事務を調理して、而して其会議所の評判はとうかと云ふと中々世間に信用されて、地方にては九鼎大呂《きゅうていたいろ》と重く視られて居るのてあります

東京商業会議所報告②

六月十六日に華盛頓府《ワシントン》に於て大統領に謁見することか出来まして、又国務長官のヘー〔ジョン・ヘイ〕といふ人と、それから大蔵長官のシヤウ〔レスリー・ショウ〕といふ人にも面会しました、何れの人々に会見の時も、自分か米国に来遊せし趣意は斯々てあるといふことを申述へて、相当の挨拶を得ましたか、特に大統領の会見の時に、大統領か丁寧に来意を尋ねましたから、私も詳しく其趣意を申述へました末に、大統領は日本に対して厚く好意を添へられて温顔に述へられた言葉は、日本はとうも感心た、殊に私共聞及んて居る所は、支那の戦役に付て、日本の兵隊というものは実に勇敢てある、日本の兵隊といふものは実に厳正てある、日本の兵隊といふものは愛憐の情か深い、又日本の国民といふものは美術の思想に富んて居る、総ての設計意匠か甚た優美てあると斯く賞められましたから、私もそれたけては何やら物足らぬやうに感しました、去れは今日我々の本領即ち商工業の事を十分亜米利加大統領に賞めて貰ひたいと思ふても、賞めぬのは間違つて居るとまて申されませなんた、依て大統領の言葉は忝《かたじけな》く伺ひますか、私は老ひたりと雖とも此末も亜米利加には度々来る積りたから、次回に参りましたら今の御賞めの言葉に加へて尚一つ、日本の商業もなか〳〵力あるものてこさるといつて頂きたいと言ひましたら、大統領も大に笑つて如何にも御同意てある、実に此談話は将来まて記憶すへき事てある、日本の商売か微小たから賞めないといふ訳てはなかつたか、貴君か私の申述へたことを左様に深く解釈されたのは実に愉快てあるといつて、更に此国の現況は斯うた、日本はまたこゝまてにはいかぬと言はぬはかりに言つて居りました、此等も商業会議所の意志を米国人に疏通する一端てあらうかと思ひますから、既に書面ては御通知はしましたけれとも、斯かる好機会に一言申述へて置きます、夫れから六月二十七日にボストンに於て同地の商業会議所を訪問しまして、会頭リンコルン氏及七・八名の会員に面会して、来意を通して意思疏通の趣意を申述へました、会同せし人々は至極丁寧に、且懇切に之を領せし旨を答へられました

①でわかるように、アメリカの印象として効率主義、合理主義の一面が先ず印象深かったようである。スピーチ中にあるように事務にあたって人手を大いに省略している、つまり調査や報告ということに関してはかなり省いていることや、アメリカ人は学術的な回りくどい話は嫌いで銭がもうかるかというストレートな、拝金的な調子であることを上陸後すぐに感じたことを述べている。

②でのセオドア・ルーズベルト大統領に面会した時の渋沢の返答が実に小気味よい。大統領は日清戦争における勇猛果敢で統率のとれた日本軍と日本の美術工芸をほめたたえてくれた。それに対して渋沢は日本の商工業を褒めていただけないのは残念であり、今後も再度アメリカに来るつもりなのでその時には日本製品を褒めてもらえるように励みたいと返答している。渋沢の大統領訪問が単なる表敬訪問ではなく、日米間の経済交流をさらに活発にするために訪問してきたことを強く印象付けた返答であろう。

東京商業会議所報告③

概括的に見渡しまするると亜米利加《アメリカ》と英吉利《イギリス》と独逸《ドイツ》と仏蘭西《フランス》か四つに分れて居つて此四ケ国は或場合に似た所もありますか、余程差かあつて各独得の長所かあるように見へます、而して之を我日本に取りてとう云ふ考を持つたか宜からうかといふことは大に考へねはならぬと思ふのてこさいます、亜米利加の商工業は実に駸々《しんしん》として進む、或点から言ふと突飛に進むと申して宜からうと思ふ、殊に亜米利加の人情は種々なる位地・性質・学説の違つた人々の意見を集めて之を充分に咀嚼をして、さうして「アメリカナイズ」して働かせるといふ有様に見ゆる、諸君も御承知の通り亜米利加人は方々の国から集つて、種類の違つた人民か相会して一国を成して居るのてすから、或は丸てあちらに一塊こちらに一塊と、種々なる衝突阻隔か生しさうに思はれ升るか、実況は予想に反して実に能く協同して居る、若し彼か日本人であつたならはなか〳〵あのやうな渾化《こんか》即ち一国という大目的の下に事々物々大きく纏めて往くことは出来ぬてはなからうかと思ふ、個々の人に就て見るときは随分突飛な手段を用ひ、又自説を貫く性質か余程強く、詰り考へたことはぐん〳〵行ふて顧慮心配をせすにやつて行く、然るにかの性質の人達か相集つてする仕事を見ますると、或点に於ては競ひもしませうか、大きな事柄をは大抵協同戮力《りくりょく》するといふ有様てある、所謂亜米利加といふ大国を背に負ふて運動することか多いのてある、農産に富み、工業の進歩せる商売に鋭い亜米利加か尚加ふるに前に云ふ有様で駸々と進んで行くのを見ますると、将来如何に盛大に如何に富強に成り行くかと想像し能はぬ位であります、是等のことに付ては私か後れ馳せに見て参つたことで、申さぬても世間に疾《はや》くより唱へて居る人もありますから敢て喋々《ちょうちょう》する必要は無いでこさいませうか、私か特に懸念しますのは、此亜米利加といふ国か自国の繁盛すると同時に、東洋に向つて充分な力を入れるであらうと思ふのです、此東洋に向て力を入れるといふのは何事であるか、工芸と農産とであらうと思ふ、私は我日本の現在に考へて工芸のことの一・二を論するならば実際紡績事業・織布事業又は製紙事業といふやうなものに付ては実に大敵と言はねばならぬと思ふ、而して米国は金利の廉い、機械の便利な、智慧の進んで居る人を使ふといふ種々な便益に、尚ほもう一つ加へて、製品を廉くするといふ、所謂「ユーナイト」して製品の高を多く作つて製品の原価を安くするということが大変進んで居ります、之れに反して我邦を顧みまするると利息は高い、仕掛けは小さい、智慧は乏しい、製造高は細い、随つて製品の代か高く附く、斯の如く総て反対なる日本の製品を以て他の国へ行て力を角すると云ふことであつたらば、智者を待たずして負けることが知れるのであります、我日本の鎖国の眠を一番先き醒して呉れ爾来頗る懇切に日本の事物を誘導開発して呉れた亜米利加か、焉《いずくん》そ知らん工業に於て我々の大敵と言はざるを得ぬのは実に意外のことであり升、而して同国の力を段々と調へて見まするると、中々余裕かあつてまた海外に向つて働き懸かるにも及ばない、内国の需用に却て引き足らぬて困つて居ると云ふは、重立つた工業家に問合せて見ても左様な答をするのである、我々は退ひて己れの商工業の未来を考へて見ると何となく心細ひやうな観念を惹起すのてこさいます、斯かる御席に於て斯ふ云ふ不祥の事を申すも甚た心苦しいか、併し我々は向後余程覚悟をせねはならぬと考へまする為めに、場所柄をも顧るに遑《いとま》あらすして、茲に真情実話をするのてこさいます、英吉利は亜米利加とは大に其調子を異にして居りまして、工芸の有様も多少古風な処かこさいます、或る点に於ては旧套墨守《きゅうとうぼくしゅ》という批評もなし得られませうか、何分にも数百年来涵《かん》養《よう》せし商工業は実に堅固のものてあります、其上商業者は皆真摯の精神を以て、一旦着手せしことは飽迄も遣り通すと云ふやうな気風てありますから、米国人さへも幾分の恐怖心かあるやうに思はれる、故に此英吉利に於ける商工業の真想も我々か容易に断案することは出来ぬと思ふ、併し現在の商工業者か日本に対する感情は誠に好意を以て、成り得へき丈け手を引合ふてやりたいといふ観念はあるかと私は察します、亜米利加に於ても英吉利に於ても、商業会議所以外の人にて商工業に有力なる人物にも多少面会を致して、日本に対する感情を種々なる談話から探て見ましたか、我国に対する感情は余程好い有様てある、日英同盟の影響は政事界のみではないと言ふことは茲に申上けるを憚《はばか》らぬのてあります

独逸は御案内の通り学問的に事業を進むる国て、種々なる商業・工業の進歩か極く聯絡か届いて沈着して居るやうに見へて居ります、併し私の滞留時日か短かし、面会した人も極く僅々たるものて御座いますし、唯概括して申上けるまて丶あります、又仏蘭西なとは誠に奇麗な国ては御座いますけれとも、商工業としては前に述へた三国とは比較は出来ぬと思ひます、殊にパリス最寄は工業と云ふものは市街の美観を傷けると云ふ主義て、パリス市街の外に駆逐して殆んと煙を立てしめぬやうな仕組て御座いますから、パリスに於ては唯大劇場とか或はシエーブリの陶器とか、又はゴブランの織物とか、総て美術的の仕事て、日本と大工業て力を争ふと云ふことは殆んと縁の遠いのて

ありますから、他の方面から考へたならは同国に対する観察も種々御座いませうか、私の如き美術とか意匠とか云ふ思想の薄いものには余り注意を惹かぬので、唯奇麗な町た立派な所たと云ふのみてありました、欧米四・五ケ国を経過した有様は概して前に述へた如くてありまするか殊に私の海外の観察に付て将来の日本を考へて見まするると、実に想ひやらる、やうて御座います、各国の商業会議所とても左様に世の中に大層に重せられて万能を具へて居ると云ふことは言へませぬか、前段に陳述しました如く其地の商工業者を代表して而して其身も現に商売に従事して居るのみならす、政治上其他の方面の人々に相当に重せられ、又其意見も採用せられて各其力を充分に尽して居る、又各国ともに商売・工業に付ては何処も彼処も其鎬《しのぎ》を削つて居る様に見へる、然るに翻《ひるがえつ》て我国を見まするると昔日からの習慣として持続し居る商を卑むと云ふ弊風を消除し得ることか出来ない、是は商工業者の気象の野鄙《やひ》なるに依ると云ふ人もあるへけれと、他人の之を重せぬと云ふことも自ら商工業者の位地を進めぬ原因となつて居ります、斯く申す私も商業家の一人として平生の心掛けか悪いと云ふことを自分て考へて見ねはならぬかと思ふのてあり升か、一歩進んて言つたならは、成るたけ好い位置に引上けて、其言論も意見も世間まて之を敬重して呉れねはならぬか、政治に従事する人達も商工業を重んすると云ふことか口に言ふ程には事実に顕《あら》はれぬ、それのみを悲むのてあり升、兎に角此商工業をいつまても此儘にして置いては我国の富実は期すへからさること、、各国を廻れは廻る程そー云ふ感情を惹起すのてあり升、而して世の中は如何に進歩して行くかと云ふなれは、亜米利加と云ひ、英吉利と云ひ、独逸と云ひ、実際は利害の戦てあつて、つまり商売・工業の大に進んて其国の富実を得るのか果して勝を制するので、反対に其衰へたのか即ち負となるのてある、此の如く考へて見ましたならは我々かた丶歎息する計りてはない、我々の歎息の結果か国を挙けて歎息せねはならぬ様になりはしないかと恐れます、私か海外を旅行して見まして色々の待遇を受けた、其待遇は商工業の発達した結果から受けた待遇てあるか、他の方面から受けた待遇てあるか、若しも他の方面から受けたものならは私は其待遇は少しも難有《ありがたく》なくなる、前に申す通り亜米利加て大統領か先つ賞める言葉か何てあつたか、軍事てある、第二に賞める言葉か何てあつたか、美術てある、英国ても仏蘭西ても其言葉か聴へる、独逸にまいつても其言葉かきこへる、是故に私は商業者として各国に於て厚遇されると思ふた事は、焉《いずく》んそ知らん日本は武威のある国た、軍事に強い国た、其国の商業者には幾分の待遇をせねはならぬ、若しもこう云ふ意味てありとせは、吾々は自分の本領て優待されたのてなくして、まるて人の御蔭て巾を利かせたと云ふ様になる、蓋し名誉と云は丶云ひ、名誉の結果は武力のみ偏重になりて商工業益々衰頽《すいたい》し其国は貧困に陥るの外なかろうと恐れるのてあり升、私は爰《ここ》に最終に申上たいのは、此商業会議所か海外に意思を疏通するの事柄を一時の感情に出つるものとせすして、成る丈け将来に継続せしむる様に望むのてあり升、此精神は言はすと解《わか》つて居る、今日全国の商業会議所ても、東京の商業会議所ても、つまり是れから先きの商工業を世界的に仕様と云ふのか眼目てあろうと思ふ、決して日本丈けを孤立して昔の鎖国商売てやつて行かふとは思はれない、若しそー云ふ考へてあるならは左様な決議をする気遣もなし、左様な附託をする筈はないのてある、而して之を世界的に仕様と云ふならは如何なる方法にやるかと云ふと、今迄の如き有様に其商売をして小区域に区々なる方法に、所謂排外の意念を以て存続して行くと云ふ事は世界的にすると云ふ希望とは丸て一致致さぬてありましよう、然るときには是非共彼等にも充分に事情を知らしめ、吾々も又進んて彼の事情を熟知して、資本に、智識に、仕事の仕組に、なるたけ共同して働くと云ふ事にして行かなければ、到底日本の国力を維持することの出来ぬのみならす、更に進んて東洋に雄飛すると云ふ希望は達し得られまい、之れか即ち意思を疏通するに於ての主眼てあろうと思ふのてある、右等の言葉は始終申す訳には参りませぬか、私の意念て到る所の商業会議所に敢て明言致さすとも其深意を含んて申したので御座います、然るに茲にとうしても私か最も此商業会議所に於て諸君と共に、又幸ひ茲に列席せられた行政に従事なすつて御座る諸君と共に、特に希望して将来に成功を期すへき廉々《かどかど》か二・三あるので御座います、元来亜米利加にあれ、英吉利にあれ、資本と云ふものは極く動き易いものてある、資本と云ふものは猶水の如きものてある、水の低きに就くは其性質てある、又智識も其の通り、働きも其通りて、我々か将来世界的に事業を為すの勇気を出して彼等と伍を成し倶に謀つてやろうと云ふ考になるならは其仕方に依つては段々安い利息の資本も這《は》つて来る、良い智恵も這入《はい》つて呉る、殆んと三十年の間に今日迄の発達を為したるも、其の良い智恵を入れたからてある、故に此資本も智識も其の性質として低きに流れ易いものてあるか、それと同時に又資本か甚た臆病なものてある、其低きに流れ易いと共に臆病てあると云ふことも忘れてはならぬ、然るに前に申す通り、一方には世界的にしたいけれとも、一方には排外の主義を具へて置くと云ふ事は、決して之は世の中に通らない理窟てないかと思ふのであります、茲に御列席の諸君か排外の主義を主張なさるとは私は思ひませぬけれとも、顧みて日本の法律に、習慣に、若くは総ての設備に、或はさう云ふことかないとは私は申上るに沮《はば》むのである、若し誠に亜米利加にあれ、英吉利にあれ、各種の法律又は習慣を比較して見ましたならは、直ちに其差異か明瞭になると思ふ、而して我国に於ては、或は法律に、若くは習慣に、種々なる点から堤防を築いて、日本に資本を流れ込むことを防いて居ることかありはせぬかと私は思はれます、故に茲に一言申上けて置きたいのは第一に我国の商工業を世界的に進めて行かねはならぬ、果して此見地から論するならは、之を妨くる丈けのものは飽までも取除ける事に尽力せねはならぬ、又第二には、業に既に前にも申上けた通り、海外に向つて情意を通したいと云ふには、渋沢を一遍廻して御世辞を一言曰ふたならは、それて以てあとは領事の報告も能く見すに仕舞はうと云ふことては、迚《と》ても海外に向つて情意を十分通するとか、又彼の事情を審《つまびらか》にすると云ふことは為し得られまいと思ふ故に、向ふの商業会議所に、又は其他の方面に向つて、日本の財政に経済に、即ち商工業の事実を欧羅巴・亜米利加に能く知らしめ、又能く知り得る様な方法を是非設けて、さうして此手段は飽までも継続してやり通すやうに期したいと云ふ希望てこさいます、既に露西亜《ロシア》なとは海外に向つて其邦の事情を知らしむるに勉めて居ることはなか〳〵一朝一夕てなく、又其仕方も冷淡なものてはないやうに承ります、但其手続は今茲に明言し得られませぬか、是非日本の商業会議所は其方法を立てまして、政府にも助力を請ふて実施する事を望むのであります、既に商工業の隆興を以て国是とすへき事は我々商工業者の切論し来りし事て、茲に御列席の諸君も平日の御職掌から照らして見ても固より御是認下さることと思ふ、然る上は其国是に必要とあつたならは、官民の区別はなく、共に尽力すへきものと思ふ、殊に海外の事情を知り我の実況を知らすると云ふ方法は格別面倒なる事はないかと思ふ、第一に排外的の法律又は習慣の類を除去し、第二に内外の事情疏通の方法を設けて、それて足りるかと云ふに決してそれて足りない、第三に商売上の徳義を修むるの重要事項かあります、私は英吉利・亜米利加若くは独逸に対して我商業徳義は決して負けないとまて言ひたいか、之を言ふに躊躇します、大に負けて居ると言はねはならぬと思ふ、但思ふのか間違つて居ると諸君か言はれるならは、誠に仕合なことて御座いますか、若し間違てなかつたならは、とうしても此商業徳義を進めねは、世界的商工業に進むることは出来ぬ、決して法律はかりか直つたからと云て、不徳義の堤防は寧ろ法律よりも余程強く資本の輸入を妨けはせぬかと思はれるのて御座います、故に御同様余程打揃つて力を協《あわ》せて、此商売上に対して徳義を厚ふして、商売人は斯《か》くまても徳義心を強めたかと近い未来に世間に分るまての仕方を持ちたいこと、希望致します、既に申上けます通り、商売に付て世界的にして行かうと云ふならは、只徳義を重んすると云ふのみならす、他の国民の如く相集り相和して行くの有様を勉て我々に移したいもので御座います、然るに我国の現状は一人〳〵の智識は大変長して……大変とまては言へないか知れませぬか、余程長して居る様てありますか、相集つた有様は悲しい哉多くは齟齬衝突して最初一人り〳〵離れては余程良かつた事も段々に人数か増す程悪くなると云ことは御互に歎息することてある、茲に御列席の諸君は皆我を除いた以外は皆さう申して居るたらうと思ひます、我を除いた以外か皆さうてあるならは、

我より先きに之を改むるより外ない、我以外に直させようと云ふことは到底改良の期はなかろうと私は思ふのて御座います、

【出典】①〜③とも「東京商業会議所報告」一九〇二年一一月八日（渋沢青淵記念財団竜門社編 一九五五―六五、第二二巻、七七四〜七八三頁）。

その後、渋沢はヨーロッパに渡って駆け足で列国の商業会議所関係者と交流を深めた。それらの訪問を通じての各国のビジネスの実情の比較分析が披瀝されている。米国には、さまざまな人種が移民してきているわけだが、それらがすべて「アメリカナイズ」されることで共通点を見出していることに国としての強みを見ている。個々の人々を見ると実にさまざまな考え方であるにもかかわらず、それが意外にも調和して大きな力になっていることを印象として語っている。そしてその力の方向が東洋に向かうことが十分に予想され、日本にとって大きな脅威になることを予見している。その原動力になるのが米国の各地で見た大規模生産システムであった。大資本が投じられ、高度な機械とビジネスの工夫が盛り込まれ、それによって高性能で安価な製品が大量に世界に供給されることへの脅威を語っている。

日英同盟を結んだばかりの英国であるが、先に訪問した米国に比較すると古風で伝統を重んじたビジネスのやり方を指摘しながらも長年培われた潜在力に対する高い評価を示している。他方で三五年ぶりに訪問したフランスに対する評価はこの訪問で大きく変わったようである。市街の美観が優先されパリ市内から工業が遠ざけられ、大規模生産というよりも美術工芸的な生産に向かっている点を多

少揶揄するように語っている。

これらの欧米歴訪の旅から渋沢が日本の商工業に感じたこととして、まず米国ビジネスマンの自信に満ちた姿勢と日本のビジネスマンの卑屈さの抜けないその姿勢の落差であった。この矛先は日本の商工業者ばかりでなく、ルーズベルト大統領にまず日本の軍隊を褒められたことに象徴される軍事・政府優先の日本国家の姿勢そのものであろう。その状況を脱却するためにも国内の小さな競争に汲々とするよりも視野を広く世界にむけ、米国にならって資本力、知識集約、経営戦略と大きな仕組みに集約する手法へと日本の商工業者が積極的に向かうことを呼びかけている。

さらにその協力関係も米国や英国の資本や経営と積極的に組んでいくスタンスを持たないといけないことを大いに強調している。この旅の後半、渋沢のヨーロッパに渡った目的の一つに、日本の鉄道会社への外国資本の導入を可能にする鉄道抵当法を成立させるための下地作りがあった。実際に日本への投資に興味を示したロンドンのサミュエル商会をたずね、日本に必要な法の整備のすり合わせをおこなったのであった（島田　二〇〇七、三五八〜三六三頁）。

渋沢はアメリカの持つ大規模・大資本によるビジネス展開の印象がよほど脅威に感じたようであり、それへの備えに関しては、防御的・保護的になるよりも国際協調・国際連携での対応を大いに鼓舞し、最後に競争よりも徳義に基づいたビジネスのありようを追求することで日本のビジネスの国際的な地位を確立したいという念願で締めくくっている。

やはり渋沢は実地の人、行動の人であった。自らの目で世界の最強国になりつつある米国を見聞し、各地で要人と交際し、その人柄や考えを自ら吸収し、逆に自らの考えを強く印象付け、その後に引き継がれる貴重な財産とした。その脅威を正確に分析し、その対策はネガティブな方向ではなく、双方にとって利益のある協調点を探り、その土台に足りないところがあればそれこそを準備することで日本の飛躍点を見出そうとするスタンスであった。現代においても、積極果敢、勇気とオリジナリティにあふれる行動のみが活路を見出すであろうことを渋沢は教えてくれている。

【参考文献】


木村昌人（一九八九）『日米民間経済外交　一九〇五〜一九一一』慶応通信。

木村昌人（一九九〇）「民間経済外交指導者としての渋沢栄一（一）」『渋沢研究』創刊号、渋沢史料館。

木村昌人（一九九一）『渋沢栄一――民間経済外交の創始者』中公新書。

渋沢雅英（一九七〇）『太平洋にかける橋――渋沢栄一の生涯』読売新聞社。

島田昌和（二〇〇七）『渋沢栄一の企業者活動の研究』日本経済評論社。

第11章　関東大震災への対応——天譴と復興

八三歳になった渋沢は、関東大震災当日もいつものように兜町の渋沢事務所に出勤していた。一八八八年竣工の煉瓦造りの建物は外壁も内装も地震の揺れで壊れ、渋沢は目と鼻の先に位置する第一銀行本店に避難した。この時点では周辺同様、大火が襲ってくるなどまったく予見できるところでなかった。昼食を済ませて、車で飛鳥山の渋沢邸に戻ったのが午後三時半頃であった。その頃、すでに本所の被服廠跡では四万人近い人が火災の旋風で焼け死んでいた。兜町も火災に包まれ、兜町事務所も第一銀行本店も焼け落ちた。

騒然とする市内の状況を見て、息子らは郷里への避難を進言するが、「卑怯千万な」と一喝し、すぐに渋沢は復興に向けて動き出したのであった。このたびの東日本大震災においても国民に対する「天罰」とする発言が物議を醸したが、関東大震災時にも「天譴《てんけん》」と国民を戒める多くの発言があった。その口火を切ったのが直後の九月一〇日の『報知新聞』に掲載された「この天譴を肝に銘じ大東京の再造に着手せよ」という渋沢の談話であった。渋沢が震災をどう受け止め、どう行動したかを追ってみよう。

龍門社例会渋沢子爵演説

私は、丁度阪谷男爵が地震の翌日二日の日に来られて、米の為めに大変な騒動が起りはしないか、市内の平和を維持するには、どうもやはり軍隊の方の力を頼まねばいかぬと思ふが、その心配を自分一人でもナンだから、共に速に内閣へ言はうぢやないかといふことになつて、取敢ず第一に東京に米を輸入することを十分政府は努めて貰ひたい、それから、どうしても戒厳令を布くことをやらねばいくまいといふ事を、政府に申出ることにしましたのは、流石に阪谷男爵の早い気付であり、これに賛同した私も、その注意を誤らなかつたと思ふ。それで、これは内閣のまだ更らぬ前に、その事を政府に申出しましたが、多少これは受容れられる所があつたやうであります、それが二日の日であつた。翌々三日の日に新内閣が出来ますと、早速内務大臣から、相談したい事があるから出て呉れろといふことで、救護事務局へ呼び出されまして、茲に初めて、いろ〳〵震災その他の事に就ての状況も聞き、尚ほどうもこの場合は、お前等に力を入れて貰ひたいと思ふ、殊に協調会の働きに就ては、渋沢を労するが宜いと思つて御相談をする次第である、といふやうな話でありました。私も至極然るべき事と思ひましたから微力何等の効能もなしますまいけれども、併し一生懸命はたらきませうと申して、協調会の活動に就て大いに努力を致した訳であります。その協調会の働きはまア、第一には炊出しをやるとか、或は情報の案内をするとか、若くは病院をつくるとか、避〔難〕病院を建てるとか、さういふやうな事で今なほ汲々として努めて居ります。

続いて、これはどうしても政府の救護事務局ばかりではいくまいから、仮令さまで完全なものは出来ないでも、一つ民間の施設が必要であらうといふ考から、その翌日即ち五日の日に、商業会議所の会頭と相談をして、市内の実業界の有力な方々丁度四十五・六人のお人にお集りを願つて、どうしてもこれは只置けないことであらうから、民設なる救護班若くは経済に対する恢復をはかる、一時のものであるにしても団体を作つたら宜からう、名は何とするか、方法は如何にするか打寄つた人々の御評議に依つて、委員でも作つて委せるやうにしたいといふ考でお集りを願つた折柄に、丁度その翌々日でありましたか、八日の日に徳川・粕谷両君が、自分達もさういふ企てを持つて居るから、是非共にやることにして貰ひたいものだ、実業界の諸君に異議が無いならば……といふ御相談でありました、勿論左様なものを二つも三つも立てるよりは、むしろ協同した方が宜からうと思ひましたから自分は略〻と御同意をして、九日の日の寄合に、大体に於ては実業家側の組織如何といふことを御相談し、第二に今の貴衆両院の議長からの御注文であるが、共にやるといふ事はどうであるかといふ事を御相談しましたところが、全然どちらも同意であつて、即ち今日の大震災善後会といふものが成立しました。その大震災善後会に就ては、御列席の皆様中にも大分御参加下さつて居るお方もある訳であります。

まアこれ等の手続で今日に至つて居りますが、想へば実に、この度の震災は意外なる災害でありまして、一方には思うたより困難の激しい事もありました、聞くが余りに何として宜いかといふ思案も閉ぢます位でありますけれども、又一方から見ると、意外に他の国々の同情が深い、又これは吾々の眼から見ては、左様にまで讃められる程に価し得るや否やと疑ひますけれども、現に亜米利加の人々などは、頻《しき》りに吾々罹災地方の国民が、たゞ萎縮するといふ有様がなく、又お互に相犯し相争ふといふやうな風がなくして、愉快――といふ事は無いであらうけれども、元気よく、たゞ周章狼狽に了る有様でなしに、所謂未来ありさうに勇ましく活動するといふことは、斯かる国民こそ将来のある国民であると、斯《か》う言はれることは、たゞ一時のお世辞ばかりではなからうかと思ふので、これ等大いに慶ぶべき点が無いではないのでございます。さりながら、実は大体の今の世の中の風潮といふものが――元来は今お話します通り、明治以前の事態が抑ゝ我国は非常に外国に比べて後れて来た、その日本が後れ馳せに駈け足で努力をして、幾らか海外の文物に追随して今日に来たのでありますが、極《ご》く打明けて申しますと、人に就ては、今申す亜米利加人の讃めるやうな所が多少あるかは知らんけれども、土地に就てはあるにしたところが狭い、物に就てはあるにしたところが少い、といふことは、誰方も皆御諒解になつて居る事である。斯かる国柄でありますから、我国が物質上他の国々と相当な力を協せて肩を並べて働いて行くといふことは、よほどの優れた能力、優れた勤勉、優れた知識が無くてはいけないのです。然るにそのしつかりした力の進みは乏しくて、まア悪く申さば軽はづみな、所謂軽佻浮薄といふやうな風に進む嫌ひが、今日はどうも多いやうである、徒《いたづら》に批評にのみ趨《はし》り易くて実行がこれに伴はない進歩が心の根源から根のある進歩でなくして、上すべりのする進歩である。些細な事物に至るまで――例へば市中の商店の装飾、若くは青年の世の中に立つて働いて居る、或は意見を述べて居る有様など、すべてさういふ辺が、甚だ利己主義に傾いて、真正なる真摯質実といふものを欠いて居る、さうして甚だ奢侈に趨るといふやうな風がありはしないかと、まア私共の眼は少し旧い方に相違ありませぬから、この旧い眼は余計にそれを心苦しく見て居つたのです。それで、一方には或る点は進むやうであるけれども、或る点はこれで安心が出来得るかといふ疑を持ちつゝ居つたものですから、実は今度の震災の直後に、私は新聞記者の人に向つて、これは天譴だといふやうなことを頻《しき》りに唱へたのでありますが、今はその説がむしろ却つて迷信的の言葉でなく、真に然りと批評を受ける位に相成つて参つた。但しそれ等の向にしても、真に心から本当に天譴と思つて居るかどうか、まア人が天譴天譴と言ふから、自分も世間から妙に思はれたくないやうに……といふやうな事の為めに、天譴だと言ふ人は、本当にこれを天譴と思つて居るのではないかも知れませぬから、天譴といふ声が世間に多くあるからといつて、左様に真正にその人が、忠誠質実であるといふことを期待する訳にはいくまいかと思ふのであります。

要するに、今日の有様に就て深く考へて見ると、六十年の昔を想ひ起して、当時世の中に大革新をやらなければ、本当に人気を変化せしむることは出来ないと迄思ふたその昔を、何だか己れ達の力でやらないで自然がやつて呉れたやうな気がするのでありまして、私自身は丁度六十年の昔、若い時に人を試練しようと思つたのを、今日自然の力でその試練を受けるやうな感じが致します。これは甚だ申し過ぎた言葉で、あまり自己を強めると仰しやるかも知れませんけれども、実はこの位な激しいお灸がすはらなければ、本当に人の心を心底から改革することは、難かしいのではないかと、斯うまア少くとも私としては想ひたいとおもふのであります。

そこで今日の事態はまア真に然りとして、さらばこれから将来を如何にして行くか、といふ問題になつて来る。これからの社会全般がどういふやうに進んで行きますか、又今日施設されつゝある政治上若くは経済上の施設も、吾々竜門社のお互が平生唱へて居る主義思想と全く一致するや否やといふことは、どうも多少疑ありと言はざるを得ぬと思ふ。政治上などに就ても、極く堅実な、極く質実なと言へない、時としては或る気勢に乗ずるといふやうな嫌ひがある、果してこれで以つて、まことに順序よく、憲法政治が進んで行くかといふ事には、多少の疑ひが無いと言へないやうです。又、経済上――とのみは言はぬが、この震災に対する所謂復興事業、これは最も困難な事でありま す、今は復興院も成立されて、その衝に当るお方も有為な人々が打揃うてござる、けれどもこれが果して完全であるかといふ事には、多少まだ疑点がありはしないかと思ふ。どうもすべての物事は、或る一方に面すると、その方に長じ過ぎるし、又一方に面すると、その方に引き締り過ぎるといふ嫌ひがありますから、どの辺が適度であるかといふ事に就ては、よほど慎重に考へなければならぬと思ひます。尤もさう言ふと、結局自分にも何等思案が無くなるので、たゞ現在の状態では困るといふて、然らば如何にするかといふと、その説は無いといふ極く無主義に陥る嫌ひがありますけれども、縦《よ》しや無主義に陥ると言はれても、どうも今日の如き、たゞ進む一方なる、紐育《ニューヨーク》や倫敦《ロンドン》を東京に造りなさうといふ帝都復興主義が、果して国家の経済上適応するかどうか、これはよほど考へものであらうと思ふ。然らばたゞ何処までも節倹主義で、まるで昔の儘で所謂封建時代の江戸の都を、やはりその儘に維持するといふやうな事で、何でも費用のかゝらぬやうに、自然の発達を待つが宜いといふことになると、帝都復興の方途が立たぬことになりますから、そこは所謂中庸を得なければなりませんが、要するに一軒・二軒の家でさへも、相当なる家屋にしようと思ふならば先づ地盤から固めてかゝらなければならぬのに、兎もすると玄関も勝手元もゴチヤ〳〵に作られるやうな有様になりまして、所謂規模が無いといふ虞れがある。一戸にして然り、況んや大都市に於てをや、といふ議論から言ふと、随分設計に就ても、相当な設備を要しますけれども、併しそれを又むやみに進めて行くといふと、果して今日の国家の状態から言つて、適度な経営が為し得られるか。どうもこの点に就ては、世間にも、あまり風呂敷が拡がり過ぎるといふ議論もあるやうであり、又或は斯様《この》な事では、将来の発展の余地に乏しいといふ議論もあるやうであります。帝都復興は敢《あえ》て経済上ばかりとは申されませんが、政治に、経済に、自分等の想ふところでは、まだこれ等は全く完全なるものとして、吾々はこれに遵つて行けばそれで宜い、とのみは言へないやうに思ふのでありますこれ等の仕事に対しても、真正なる帝都の復興は斯くなくてはいかんぞといふ事を、どうぞ我が竜門社などは略〻と見込を立てゝ、中正なる、真に健実なる方法を講じて行くやうにしたいと思ふのであります。

つまる所、その趣意から根源を論じ出すといふと、どうも私は、常に言ふ道徳説を強めて主張する外ないと思ひます。悲しい哉、今の世の中は、多数の有様がたゞ知識にのみ趨つて、教育に、制度に、すべて知識才能のみを重んずる世の中になつて居りますから、人格といふ言葉が、どういふのが本当の人格であるか、私の思ふ人格と或はその主義の人格とは、人格に多少の厚薄を生じやうしないかとまで思ふ。況んや親に孝に君に忠にといふやうな、所謂孝悌忠信の道を篤く奉じて人はどうしても自己の為めに世に立つのみではないのである、全く国家あつて己れはあるのだといふ、強い観念を十分につくり為すことは――まア幸に竜門社の諸君は、仮令私がこれ等の教に対して完全な知識、完全な見本を皆様にお示し申したとは言へんでも、たゞ利己的行為にのみ趨るといふことは、決して人たるの本領でないといふ趣意に於ては、竜門社の諸君は、主義として、私の述べて置いた所謂論語主義を、皆様は尊重して下さつて居るのですから、その事に就ては、今日諸君の上には決してお間違はなからうと思ふ。併ながら、今申すこの度の震災は天譴であるといふ言葉に就ては、私はます〳〵その説に立戻つて、仁義道徳の心が社会おしなべて、殆どモウ悪く言へば紊乱磨滅した、その結果が斯ういふ有様になつたと、斯う考へますと、仮令天下に比べたならば至つて小なるものか知らんけれども、我が竜門社の如きは、ます〳〵茲にその堅塁を保つて、東洋――と言ふか日本と言ふか――の真理は、吾々の保ち得る所であるぞといふ迄に、事実進みたいと思ひます。斯う考へて見ますと、どうしても斯かる場合には所謂道義――短い言葉でいふと仁義道徳です、これを事柄に分けて申せば孝悌忠信、この主義を一層強めて進んで行つて、政治に経済に必ずこれに拠るといふことに、是非して行きたいものだと思ふのであります。

私は復興問題に就て、物質の復興は勿論望むけれども、その根本として、人心の復興が今日は甚だ必要である、若しそれが無くんば、決して真正なる恢復はむづかしいものであるといふことを、或る所で復興に就て意見を述べた時に、申したことがあります。又先達て藤山氏の帰られた時に、商業会議所で演説をしました際に、斯ういふ事を申した、私が嘗《かつ》て欧羅巴へ行く時分に、軍人の人であつたか、政治家であつたか、或る人が私に言うたことでありますが、私の洋行の目的は日本人として是非とも商工業の発展を望む為めに努めるといふ事、主として商業上の欧米に対する意見を十分に疏通せしむるといふ事を、主たる用向で行くと言つたのに対して、その人が、それは結構な事であるけれども、つまる所商売の発達はやはり国旗の光に依るものである、そこだけは視て呉れないと困るといふことを言はれました。いづれこれは政治家であつたか、軍人であつたでせう、国の力が強くなければ、商売繁昌は出来ないものである、といふ解釈である。その時私それに答へて、如何にも或は逆に見たらさうであらうけれども、併し私共は又、商売の力で国旗を光らさうと思ふのであるから、丁度あなたの説は一方を主にするのを、私はモウ一方を主にしたいと思ふので反対の考を持ちますといふ事を申したことがある。併し今日になつて尚ほ再び考へて見ると、その商売の発達はどうであるかといふと、人格の向上に依ると、又第三に言はねばならぬ。人格の向上があれば、商売の本当の実力も持てる、それに依つて国旗の光は増すのである、斯ういふ風に一番の本を人格に置きたいと思ふといふことを申しましたが、つまりお互ひ竜門社の人々が、幸にその趣意を完全に貫いて行つたならば、天下の大から見れば数こそ少うございましても、決してその力が微々たりとは、私は言へまいと思ふのであります。

【出典】「龍門社例会渋沢子爵演説」一九二三年一一月四日（渋沢青淵記念財団竜門社編 一九五五―六五、第四三巻、一六〇～一六五頁）。

震災直前に加藤友三郎首相が急死し、元老西園寺公望が泥沼の対立を続ける政党を嫌って、海軍の実力者・山本権兵衛への大命降下となったところであった。九月二日に震災復興の立役者となる後藤新平を内務大臣として第二次山本内閣は発足し、早くも九月四日に、協調会副会長として渋沢は内務大臣官邸に招集されている。後藤は急遽立ち上がった臨時震災救護事務局として渋沢らを通じて協調会に罹災民への救護を依頼し、さらに銀行や保険といった経済界としての対応も託した。

協調会では芝の協調会館に最大一〇〇〇人の罹災者を収容し、市内数か所での炊き出し、五〇か所での情報掲示板設置をおこなった。また三か月間で延べ二万人あまりの外来・入院患者に対応した芝増上寺と横浜の二か所の臨時無料病院の設置などを即座におこなった。

また、まったく個人的な行動として震災から一〇日ほどして、アメリカの企業家などの友人、五〇人あまりに対して英文の手紙や電報で震災被害を伝えた。電報の日本語原文によれば「今回の損害は莫大にしてにわかに数字をもって言明しがたし、市民は毫も落胆せず、復旧方につき大なる勇気を示しつつあるは余の満足するところなり」と打電している。その際援助の要請もしており、その結果、ニューヨークの銀行家フランク・ヴァンダーリップから五〇〇〇ドル、フィラデルフィアの時計メーカー、ロドニー・ワナメーカーから二万五〇〇〇ドルといった大口寄付を含め、海外からの寄付総額は当時の日本円で二八万円を超える金額となった。かつて一九〇六年のサンフランシスコ大地震に際して渋沢が民間からの義援金募集を積極的に誘導し、明治天皇からの下賜金二〇万円をあわせて三〇万円の義援金を送付している。日露戦争後、日本脅威論としての黄禍論、排日機運を心配してのことであったが、このやりとりを見ても、未だ双方ともに大災害という国難に対して人道的な手をさしのべ合う関係が維持されていたわけである。

さらに、復興計画の立案の中枢として後藤が総裁となった復興院とその諮問機関としての帝都復興審議会が相次いで発足し、渋沢は元老や閣僚、両院の大物政治家、そして財界人から構成される審議会の委員の一人となった。世間によく言われた「後藤の大風呂敷」と言われる帝都復興計画原案が発表された。それは幹線道路の二四間(道幅四三メートル)化や隅田川をはじめとする河川の拡幅と市内鉄道の地下鉄化、電線の地下埋設など、数十億円とも表現された東京の大改造計画であった。この大風呂敷は、審議会における伊東巳代治による修正案一〇か条やその後の議会での審議によって四億円台にまで縮小されてしまった。

渋沢は議論を整理し縮小案に修正を図りつつも、藤山雷太や和田豊治などとともに永年の宿願、京浜運河の開鑿と東京築港には強くこだわった。その後の鉄道と自動車の時代の到来を考えればすでに古くさい議論となっていたが、水運網を張り巡らした商都としての東京の再生を強く願ったのであった。渋沢ら財界人の提案は入れられず、結果として復興事業で東京が変わったところは、昭和通りや靖国通りなど、今でも幅広いと感じられる二二の幹線道路の整備、隅田川の十大橋に代表される五七六の復興橋梁、学校のコンクリート化、区画整理事業、配管埋設、避難公園の整備などである。「後藤の大風呂敷」の結果できたことは、ごくごく当たり前の防災強化であった。

東京が煉瓦の町からコンクリートの街にかわったのは、まさにこれが契機だった。昭和初期には何でもかんでもコンクリート作りとなった。その後の敗戦と復興期を含め、東京はコンクリートの高層ビルと高速道路の街にかわっていったわけであるが、今再び、日本橋を覆う首都高速の撤去が主張されていることなどをあわせて考えると、防災と効率の最優先だけでなく、都市の性格付けや景観などをどうやってその議論に反映させることができるのか、本来ならば東日本大震災からの復興にも教訓としなければならないはずである。

関東大震災直後にいち早く天譴論を表明したのが渋沢と言われており、九月一〇日の新聞に談話が掲載された。その内容の主要部分は、「思うに今回の大しん害は天譴だと思われる。明治維新以来帝国の文化はしんしんと進んだが、その源泉地は東京横浜であった。それが全潰したのである。しかしこの文化は果たして道理にかない、天道にかなった文化であったろうか。近来の政治は如何、また経済界は私利私欲を目的とする傾向はなかったか。余はある意味において天譴として畏縮するものである。この天譴を肝に銘じて大東京の再造に着手しなければならぬ」(原文は旧仮名遣い)というコメントであった。

その後、生田長江、内村鑑三、内田魯庵などの文筆家等によって相次いで雑誌等に天譴論は表明され、清水幾太郎曰く「時代の支配的な観念」になったと言われている(清水 二〇一一、一九一頁)。当時、芥川龍之介などによって天譴論の不公平さへの批判も表明された(同、三〇五頁)。清水は、この現象を、どうしようもない自然現象に対して、意味を見出そうとする人間の性を分析している。同時に第一次世界大戦による成金の台頭とロシア革命という背景によって、社会的な格差の拡大から来る新しい社会不安があったようである(同、一九四頁)。清水は天譴を受けたとされる多くの人間に、選択の余地がない無差別さの非合理を批判し、見境のない八つ当たりであり、伝統的な自然崇拝を新しく補強するものと批判した。

芥川や清水の批判は至極当然のものである。ここで紹介した渋沢のメッセージを見ても社会全体の風潮に対する批判があり、そのことを反省して復興しないと復興そのものに積極的な意味合いを見出せないということを主張している。渋沢の天譴の言葉に同調し拡散した論調全体をここで論じるつもりはないが、渋沢自身は復興に眼が向いていたし、気を引き締めて復興する気構えが大事であるという主張であった。実際、震災復興後の東京の享楽化や頽廃化も指摘され、それに対する批判と嘆きの表明も多々見られたのであった。

渋沢の震災対応において実に残念な部分があったことも指摘しておかねばならない。それは朝鮮人に対する残虐行為に関してである。早い段階での戒厳令布告を具申したことを語っているが、結果としてそれは軍隊や警察が朝鮮人を守ることにはならず、逆に加担することが多々あった事実もわかっている。さらに社会主義者等が抹殺される下地を用意した。渋沢の極めて親しいアメリカの友人、シドニー・L・ギューリックはこの問題の公表と処分をしなければ排日問題がさらに悪化する可能性があることを手紙で忠告しているが、渋沢はそれに対応する行動を取っていない。天譴の言葉を用いて、復興に当たっての日本人の気構えを説いたのであれば、恥部に目を背けず物事の正邪に毅然と立ち向かう姿が必要であったろう。

翻って我々の直面する東日本大震災からの復興についても考えさせられるところが多かろう。震災直後はあれやこれや「この際だから前向きに」という論調が目立ったが、それは前の震災も一緒なのである。そしてできることも限られていて、人々も忌まわしい記憶を忘れたいという本能から通常の日常にことさら戻ろうとして震災と復興に目を向けなくなる。オリンピック招致で原発不安が消えるわけではない。目をそらすような施策を見極めないといけない。新たなインフラと再度の団結で大震災を克服したという安心感を得ることがいいことなのか、よく考えないといけないのかもしれない。

【参考文献】


北原糸子(二〇一一)『関東大震災の社会史』朝日新聞出版。

渋沢研究会編(一九九九)『公益の追求者・渋沢栄一』山川出版社。

清水幾太郎(二〇一一)『流言蜚語』ちくま学芸文庫。

筒井清忠(二〇一一)『帝都復興の時代――関東大震災以後』中央公論新社。

波多野勝、飯森明子(一九九九)『関東大震災と日米外交』草思社。

松尾章一(二〇〇三)『関東大震災と戒厳令』吉川弘文館。

松葉一清(二〇一二)『「帝都復興史」を読む』新潮社。

公益財団法人渋沢栄一記念財団・渋沢史料館編(二〇一〇)『渋沢栄一と関東大震災――復興へのまなざし』公益財団法人渋沢栄一記念財団・渋沢史料館。

第12章　最後の賭け、青い目の人形交流

中国・韓国と日本の関係が悪化した状態が長期化しつつある。領土問題や「靖国」問題、慰安婦問題に象徴される歴史認識など、さまざまな要因が挙げられている。国益を巡る政治問題であると同時に双方の「自国認識」という国民の思想や思考に関わる問題が何度も取りざたされ、そのことによって多くの日本国民の対中・対韓感情も悪化しているように見える。

これに似た問題が米国における一九二四年の排日移民法であった。異人種ゆえの警戒感や差別的扱いが日本人に降りかかることから来た対米感情の悪化が人々の間で増殖していき、さらに両国関係は悪化していった。そのことの危険さを敏感に感じ取り、アメリカ人の「世論」形成に向けて具体的に行動したのも渋沢であった。その努力が大きな成果を生み出したわけではなかったが、冷静な態度、あきらめない心、人々の感情の風向きを変えるために具体的に何を努力すればいいのか、を渋沢のメッセージから読み取りたい。

米国より人形を贈られて——日米関係委員会の大要

然るに日露講和条約成立の頃から、面白からぬ成行を呈するやうになつて来ました。日露の講和

談判は米国のポーツマウスで開かれました。米国大統領ルーズベルト氏は非常に尽力しましたが、初めから日本の為めに心配し「日本は兵力は強いが、国が小さく経済力が充分でないから、戦争の結果はよくあるまい」と考へ、又「此まで日本は戦争では連戦したが長びかせると如何なるか判らぬ」と云ふ考慮から、仲裁役となつてくれたのである。然るに講和条約が愈〻成立して見ると、全然償金が取れなかつたことを、一部の国民が不満として大分不穏に見えた為め、小村寿太郎侯が帰朝した時の如き、東京へ夜に入つてひそかに帰つたり、其の歓迎会も出来ない程でありましたが、これは取も直さず其の仲介の労を執つた米国、此を代表する大統領の仕方を面白く思はず、ルーズベルト氏の面目を潰すことになつた。それのみでなく加州の日本移民は当初頗る従順であつたけれども露国と戦つて勝つてからは俄かに威張り散らす様になりました。前にも述べた通り、日本の移民は勤勉であり、従順であるにも拘らず、賃銀が廉い処から歓迎せられたのであるが、斯う威張るやうになつては日本人を嫌ふやうになり、遂に学童問題とか、其他面倒な問題が漸く起つて来ました。

当時の外務大臣小村侯爵は此の傾向を非常に憂慮して、種々交渉の結果例の紳士協約が成立しました。此は明治四十年であつたかと思ひます。其際小村侯爵から次の様な話を聞きました。此時は益田孝氏も一緒だつたと記憶して居ります。

『移民問題は兎に角紳士協約で一時的のつなぎはつけたが、永久に安心しては居られぬ。何とか考へねばならぬと思ふが、米国は輿論の国であるから、直接国民に強い感じを与へるのが最も適当と思ふそれには商業会議所辺りで心配して欲しい』

当時私は商業会議所の会頭を辞し、中野武営氏が代つて居つたが、私が明治十一年から殆ど三十年も会頭の職にあつたのと、中野会頭とも懇意であつたから、小村侯から話があつたこと、思ひます。そこで此小村侯の話に就て色々と相談し、先づ日本の六大都市たる東京・大阪・京都・横浜・神戸・名古屋の商業会議所が聯合して、米国太平洋沿岸の八会議所、即ちサンフランシスコ・ロスアンゼルス、オークランド、サンチエゴ、タコマ、ポートランド、シヤトル、スポーケンの人々招待することになり、明治四十一年に『観光の意味で来て下さい』と云つてやつた。勿論それには私の名前は出さず、六会議所としてであつたが、歓迎するに当つては、私がそれ等の中心となり、主人役となつて努めました。そうして私の宅へも招待したり、各地(右主催会議所々在地)へも行ってもらひ、相当情味ある歓迎を為し懇親を尽したのでありました。従って米国側でも之に対し、特に招待返しをすると云ひ、米国政府としても力を入れたやうであつたから、明治四十二年に渡米実業団を組織し、一行中には婦人も交り、私は会議所の関係はなかつたけれども、団長に推薦され、八月十九日横浜を発し、シヤトルを振出しに五十六ヶ所を巡回し、到る処で歓迎されました。そしてワシントンでは国務卿ノックス氏に面会し、又大統領タフト氏にはミネアポリスで会見しまして、十一月三十日桑港《サンフランシスコ》へ引上げ、翌十二月一日乗船、同月十七日、日本へ帰つたのでありました。

斯様にして、移民問題に対し懇談を重ねたにも拘らず、私達の希望は達せられず、それから五年目の大正二年、遂に加州に於て排日的な「土地法」の制定となりました。之は地方の制度ではあるが、其の成行を見聞するに、どうも日本にとり面白からぬものであるから、中野会頭など、相談した上、対米同志会を組織し、添田寿一氏及神谷忠雄氏を特に米国に派遣しました。此の時昨年逝いた牛島謹爾氏などが大いに心配したのであつて、地方の実況をたゞし、種々に力を致したが充分の効を奏せず、単に原案より年限の延長其他二・三の緩和があつたのみで成立しました。従つて米国に於ける「土地法」反対の人々は日本に対して心苦しいと云つて居たが、また吾々としても移民に向つては、決して自分の国は強いと云ふやうな態度をとらず、米国に親しむ念を強くすることに努力されたいと告げて居たけれども、思ふにまかせなかつた。とは云へ斯かる問題は一時的のものではないから、何か常置的の団体を組織し、日米両国の心を一つにする人々が、平素から懇親を厚うし、お互に誤りを正して進むことにしなければ成功しないであらう、など、考へるやうになつて来ました。すると其の翌々年の大正四年にパナマ開通の記念大博覧会が、桑港で開かれることになりました。そして予め欧洲へも、日本へも出品のことを云つて来たのであるが、大正三年欧洲大戦が勃発した為め、欧洲からの出品が予定に達せず、英国からも仏国からも非常に少なかつた。然るに日本は欧洲戦乱の影響が薄い上、右のやうに欧洲からの出品の少ないのを補ふと云ふ意味からも、多数の出品を必要とするとして、当時大隈内閣であり、農商務大臣は大浦子であつたが、私はさうした政府側の人々とも協力し、政府からも民間からも相当立派なものを沢山出品するやうにと努力した。其の結果桑港博覧会に対する日本の出品は非常に多く日本の力が博覧会の面目を立てしめたとも云ふ程で、米国からも大変喜ばれました。其の時私は此の博覧会観光の案内を受けたから、日米の国交上にも行つた方がよいであらう、殊に明治四十二年の関係や、大正二年人を派遣した事情もあり、渡米して各方面の人々と会見する必要もあると思つたので早速赴いたが、此の時、桑港商業会議所会頭のアレキサンダー氏の心配で、日米関係委員会なるものが出来て居つて、最も公平な考へで、日米間の親善を進め、新聞雑誌などで一方に偏したことを喋々すれば、之が反駁文を発表し、且つ両国の政府をも鞭撻《べんたつ》しようと云ふ仕組になつて居りました。そこで私は此のアレキサンダー氏や博覧会長のモーア氏など、懇談した末、桑港に於ける如き常設的な委員会を東京にも組織して、日米間の謬伝《びゅうでん》を正すことに尽力しようと打合はせ、更に紐育《ニューヨーク》へも行き各方面の人士に会見して、それから日本へ帰ると直ちに、日米関係委員会を組織しました。此会は会長を置かず委員制度としたので、私も常務委員として爾来《じらい》種々斡旋して居るのであります。

〔中略〕

日米の関係、又日本の米国に於ける移民問題の経過は右の通りであるが、昨日(三月三日)の米国人形歓迎会は、此の問題に関聯した一つの事柄であつて、日米間の融和運動の一つであります。桑港の米日関係委員会が大正四年に組織せられたことは前にも申しましたが、大正十年に紐育に宗教家・実業家・教育家等によりて関係委員会が成立しました。其の会長はウヰカシヤムと云ふ有力な法律家で且宗教家であり、従来余り懇意のない人でありますが、理事のギユリツク博士は組合教会の主要な人物でありまして、嘗《かつ》て永く日本に来て居つた関係から、此の人と私とは以前から懇親であります。同博士は早くから日米問題に就て心配し、紐育委員会の成立に当つても大いに努力せられたのであります。昨日歓迎会をした人形も、此ギユリツク博士の心配で、ウヰカシヤム氏などと共々に尽力したのであります。

ギユリツク博士は『日米の親善は気永くやらねばならぬ。それには未来の国民たる子供がお互に相知り相親むことが必要であるから、之に資する為めに米国から人形を贈りませう。そして日本の雛の節句の当日三月三日までに到著するようにしよう。左様すれば相当効果を納めることが出来るであらう。そして紐育米日関係委員会で此の事を実行するといふやうな角立つたものでなく、単に吾々発起者が企画して各学校へ檄を発し、人形を集めて送りたいと思ふがどうであらうか』と云ふ意味の手紙を最初私の処へ寄して相談して来ました。そこで私は『それは結構なことではあるが、返礼もしなければならぬからどうかと思ふ。何分米国と日本とでは富の程度に非常な差があるので贈物に相当したお礼は出来ない。彼の震災の折の見舞に対してもお礼が出来ないで居る。それは異常時のことだからよいやうなもの、、平和な折の贈物に対してお礼が為し得られないのも変なものである。御厚意は誠に有難いが、此点を考へるとどうかと思ふ』と二度も三度も云つてやつたが、『決して返礼の心配には及ばない、有難いとお思ひならば、礼状だけ頂けば結構である。是非雛祭りに間に合ふやうに送るからそちらで分配の世話をしてくれるやうに、返礼の心配は平に無用にして頂きたい』と云つて来た。ただし関税を無税にすること、学校へ配布することは夫々《それぞれ》政府当局者の方へ申して来たのであつて、相談の方は日米関係委員会と云はず私の処へ云つて来たのであつた。

其後どうなつたか詳しく知らなかつたが、愈々此程来た訳で未だ全部は到著しないけれども恰度《ちょうど》三月三日に授受の式を行つたらよからうと、日本青年館で歓迎会を催し米国の厚意に一つの謝意を表したのである。

そして前に述べた関税の免除のことは、ギユリツク氏から松平大使へ申出で、外務省を通じて大蔵省と折衝した上で無税となり、各学校への配布は文部省で世話することになりました。又『此事は公な仕事ではないが、国民的な国交融和の一つの事柄であるから、渋沢に主になつて欲しい』と、政府側からも云ふので、色々の関係もあり、最初に相談を受けた続き柄からも、此処に世話人の一人として心配したのであります。且つ臨時に、日本国際児童親善会なるものを組織して、関係者が打寄つて実際の世話に当り、外務省は人形を受け、文部省が配ると云ふ取扱をすることになつた。

斯くて歓迎会の模様は私の喋々を必要としないが、児童が千三百人大人が千人ばかり集つて好都合に運び、今日も文部省へ行つた処、大そう喜んでこれから人形を各地へ送り出す準備にかゝると云ふことであつた。其処で今度は返礼に就ての相談をするため、其の原案を考へて居る様子でありました。

会の席上で私は非常に愉快に思つたので、心に感じたことをそのまま述べました。即ち雛祭りを忘れるではないが、男の子としては記憶しない。殊に十歳以上に成れば女のすることとは全然別になる。処が昨日は本当に子供に返つたやうに嬉しかつたので、あゝした話が出たのであります。真に米国の行為は親切・公平で、華美でなく実際的であります。其上人形の数を沢山送られたから、各地方へ配布出来るのは、之等の人々のよく行届いた心配からであります。而も人形の贈主が子供であつて、送る手続に注意が行届き、旅行免状を持つとか、手紙を持つとか、著替や、玩具まで持つて来たのは実に用意周到であります。子供はそれ等を目に見、心に感じて、早くから日米親善を念とするに至るであらう。就中《なかんずく》当日は米国大使も出席されて、サンタクロースの例を引いた面白い話を、子供に判るやうにせられ、非常に興味を覚えました。実際子供の時の深い感触は忘れ難いもので『三つ子の魂百まで』と云ふ諺もあり、之を文雅にして、『竹馬の幼心の一節は杖つくまでも忘れざりけり』と云ふのは、小出粲と云ふ人の和歌であるが、私の一身上からもそれは間違なく証拠立てられる。其の一例として十四歳の時ペルリが浦賀に来航して、米国との間に最初の交渉があつて以来、両国の国交のことを忘れる時がなかつたと云ふ意味を述べたのであります。当時外夷と云はれた米国、其他に対する日本国民の敵愾《てきがい》心は非常に強かつたので、其心持を取入れた色々の俗謡が流行しましたが、其の内『大津江』で謳つたものや『ちよんがれ節』で謳つたもの一・二など、私は今でも記憶して居ります。それは私が智恵があるとか、特別に記憶がよいのではなく、幼い時の心に深く感じたからであつて、右の諺や歌は架空の形容ではないのであります。

要するに、今日の処、米国の移民問題の改善を図ることは困難なる事情にあるから、将来之が改革を為すべく画策せねばなるまいと思ふが、此点に早くも気付いたギユリツク博士など、大いに将来に目標を置いて努力して居るので、其の結果人形を贈られるやうになつた。此催は私が企てたのでないから遠慮した方がよいかと思つたのに、是非顔を出せと云ふので、政府の人々と共にお世話をしたが、幸に事なく此処に先づ一段落はつきました。たゞ何とかして返礼をせねばなるまいと思ふけれど、未だ具体的の案はないのであります。兎に角人形を贈られた顚末は以上の通りで日本と米国との関係の内の一事項であると申してよいと思ふのであります。

【出典】「米国より人形を贈られて――日米関係委員会の大要」『竜門雑誌』第四六二号、一九二七年（渋沢青淵記念財団竜門社編　一九五五―六五、第三八巻、六一～六八頁）。

日米関係の悪化を深く憂慮し、一民間人でありながら、その経緯をこれだけ詳細に理解し、少しでも良くするために何ができるのかを自ら実践したことにまず驚かされるスピーチであろう。

移民法を巡る日米両国の世論の悪化は、双方がどうして相手が怒っているのかを理解しない、できないところに大きな問題があった（以下、詳しくは、是澤 二〇一〇、第一章参照）。アメリカは成長著しく拡大していく新興の大国として、増え続ける移民によって国の成長が維持されていた段階から一つの飽和点に到達し、白人社会としての新天地という建国のアイデンティティを一層明白にしていくべき段階に移行していた。

アメリカからすると一部に日本への脅威論も内包されるものの、日本を狙い撃ちしたのではなく、中国人やインド人などと同じく日本人もアジア人だから移民の割り当てをしないという立場であった。このこと自体、人種差別的な意識に基づいているわけだが、それと同時に、日本側からすれば、日本人を帰化不能外国人とする屈辱感は、欧米社会に追いつくことを目標とし「脱亜入欧」の言葉に象徴される白人社会に対するあこがれを拒否されるという、受け入れることのできないプライド、目標に関する重要な問題であった。

太平洋をはさんだ両国の関係は一向に解決に向かわなかった。利害が直接ぶつかり合うと、そこには埋められない「文化」の差という根深い違いが横たわっていることを渋沢も痛感せざるを得なかった。今すぐ解決できない問題に対し、少しでも改善の糸口を求めて、米国のギューリックと日本の渋沢は双方の次世代＝子供の相互理解への種まきに目を転じた。

反米感情の高まる中で意外にもこの人形交流は一般の人々の間に熱狂をもって受け入れられた。実態としては米国の国家としての意思発動ではなく、一握りの民間からの投げかけだったわけだが、欧米世界に認められず、自尊心を傷つけられていた日本人にとって先方から温かな手が差し出されたことに大いに自尊心を満たしてくれるものがあっただろう。渋沢も気にした「返礼」として五八体の日本人形が用意され全米に紹介された。

しかしながら、結果として、その事象だけを見れば大成功に見える日米人形交流がその後、国レベルの関係改善につながることはなかった。子供たちの将来に両国間の平和を託す、夢への第一歩といった情緒的な仕掛けの提示はギューリックの世界平和の追求という理想主義に基づくものであり、方や渋沢をはじめとする東アジアでの日本の国益を前提とした上での国際平和の希求では、緊張の増す現実の国際関係に何ら影響を与えるものではなかった。

プライドや目標、他者にどう見られたいかという自己認識の問題は、現代の日韓や日中関係の悪化に思いをはせる時、何かしらの共通性や悪夢のような歴史の繰り返しを想起させる。

日頃から国を越えて人が何を思い、何を考えているのかを直接知るチャネルを多く持っていれば、ナショナリスティックに傾きがちな困難な問題に対して、世論やマスコミの論調を鵜呑みにせず、一民間人として少しでも沈着冷静な判断ができることがある、という渋沢のあきらめない心持ちの重要さを汲み取りたいものである。

【参考文献】

片桐庸夫（二〇一三）『民間交流のパイオニア　渋沢栄一の国民外交』藤原書店。
是澤博昭（二〇一〇）『青い目の人形と近代日本――渋沢栄一とL・ギューリックの夢の行方』世織書房。
簑原俊洋（二〇〇二）『排日移民法と日米関係』岩波書店。

第Ⅳ部
国家・社会へのメッセージ

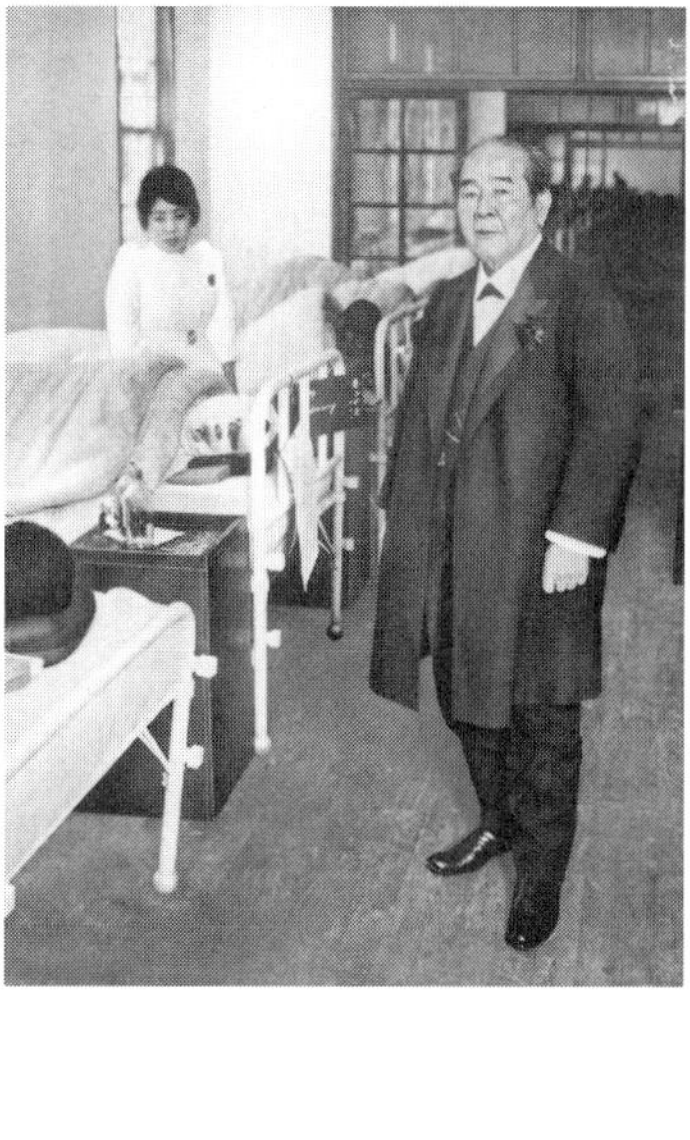

板橋本院新築披露　病室にて
（1924年3月21日）

日露戦争のあとから日本国内を見渡しても、さまざまな矛盾が目に付くようになり、社会のあり方を再構築しなければならなかった。その矛盾や軋轢を少しでも緩和すべく、渋沢は社会事業の支援に最大限のエネルギーを費やし、人々のモラルを喚起し、対立の目立つ労使関係の中で相互理解の糸口を探し求めた。

　それらに立ち向かう姿は孫の敬三に受け継がれ、戦後日本の再出発にまで至る。あきらめず立ち向かい、人々に熱心に語りかけ行動する渋沢のメッセージは、現代にあっても決して古びることはないだろう。

第13章　社会事業を切り開き、人生の最後まで捧げる

渋沢は近代日本で最初の公的社会福祉施設を設立し、五〇年以上にわたってその院長を務め続けたにもかかわらず、日本の社会事業史の研究において一部でしか取り上げられずに来ている。その理由は、渋沢が官側、財界代表、支配層に属する人であり、彼の行為を国家によるマッチポンプ的な救済または贖罪的なものとして軽視ないし批判的に位置づける傾向が強かったことによるようである（大谷 二〇一一、五〇二頁）。

そのような傾向の中でも渋沢の社会福祉への関与を客観的に、冷静に捉えようという研究が積み上げられてきている。渋沢の支援した養育院の実像とそれに関わる渋沢の発言から彼が何を訴えていたのかを見ていこう。

渋沢と社会事業の関わりは、半ば偶然的なものであった。すなわち、渋沢は一八七四年、東京府知事の大久保一翁からの要請で東京会議所の取締となった。大久保は幕府倒壊後の事後処理を担った旧幕臣であり、渋沢とは静岡藩で接点があった。東京会議所とは七分積金で知られる江戸町民の自治組織である江戸町会所の蓄積金を東京の道路橋梁修築その他の都市改造に活用し、同時に東京府の行政代行機関として機能した組織であった。

同じ時期に、ロシア皇太子（後のニコライ二世）の来日に当たって東京内の浮浪窮民二四〇名を隔離

して収容する施設・養育院を先の七分積金の残金を用いて本郷の旧加賀藩邸敷地の一部を使い発足した（渋沢研究会編　一九九九、二六九頁）。渋沢は一八七六年には東京会議所の会頭に就任し、養育院に関しても当初事務長、七九年から院長も引き受け、東京市に移管された後も亡くなる一九三一年までその職にあった。

渋沢は自活できる施設をめざし、東京会議所所有の土地二〇〇か所弱を売却して公債証書にかえて、その利子で運営していく手法を構想した。まず上野山内の護国院部分（現在の東京芸術大学美術学部構内）六〇〇〇坪弱を買い取り、施設を建設した。さらに土地の売却益四七万円は第一国立銀行に資金管理を任せ、二〇万円を年七・二％の定期預金、その他を各種公債に替えて基金とした。

その後、養育院の位置づけはめまぐるしく変転する。上野の山は博物館計画に伴って公園化することとなり、養育院は千代田区神田和泉町に移転した。一八七六年には東京会議所の全事業が東京府に移管されることになり、養育院も府直営事業となった。その後、経費がかさみ過ぎる、惰民養成になっているという批判が起こり、一八八五年には東京府の管轄をはずれ、一旦私営となった。その後、慈善会が養育院の経費のための寄付金募集を継続するという提案がなされ、一八九〇年に養育院は東京市制施行に伴って再び、市に移管された。

さらに、一八九六年に本部と本院が大塚に移転し、一九〇〇年に感化（素行不良を意味する）部設置、引き続き一九〇五年に農工業を重視した感化教育を目指して井の頭学校が設置された。また、一九〇〇年には虚弱児童のために房総半島に臨海保養所が設置され一九〇九年に安房分院となった。同年、児童と成人の完全な分離処遇が実施され、児童のための巣鴨分院が開設された。一九一四年に東武東上線の大山駅近くの板橋に結核患者等を収容する分院が設置された。それでも収容者は増え続け、本院のある大塚は都市化が進み拡張は困難となり、受け入れの反対にあいながらも板橋の隣接地を購入し、大塚からの移転を準備した。おりしも一九二三年の関東大震災によって大塚本院は倒壊し、工事未完成ではあったが、収容者の板橋への移転をおこなった。このような困難な過程を経て、敷地総面積八万八〇〇〇平方メートルの広大な敷地からなる板橋本院が、完成した。このように養育院は最古にして唯一の公営社会福祉施設であり、機能分化と拡大を続け、戦前において日本最大規模の在院者数を誇る組織となった（大谷 二〇一一、四四三頁）。特に児童処遇の問題を重要課題として発展を続けた。行き場のない孤児に教育を施し、社会の再生産に資するよう社会に送り出し、障害児や学習不振児を引き続き院内で教育していく体制であった。

渋沢は月に一度は子供らに配る菓子を携え板橋本院を訪問し、入院者や子供らと面談したという。渋沢は養育院の各種施設の開所式やさまざまな社会事業関係の会合で多くの講演を行い、その講演記録が多数残されている。ここに紹介するのは、後に社会事業講習会と改称される感化事務職員の養成のための講習会での挨拶である。約三〇〇人が三六日間、延べ一四〇時間学んだ講習会の冒頭のものである。

感化事業の方法と感化の程度

感化と申し、救済といふも、要するに是は慈善に属する事柄であるか、殊に感化救済と表題を立てますると余程大きな問題にならうと思ひます。果して此感化救済か完全に出来得たならは実に天下は泰平てある、社会は黄金世界になると斯う申しても宜いたらうと思ふ、一言に広い言葉を遣ひますするならは、感化救済の完全に行はれるは、王道の普《あまね》き場合てなけれはいけないといはなけれはならぬ。故に為政家の最も心を用ひなけれはならぬと同時に、人道の為めに欠くへからさるものと申して宜からうと思ふ。去なから救済といふことは、余程心せぬと却て利益は為さすに害を為し、其人の勉強心を妨害するものてある、救ふ人も救はれる人も共に過つといふことか間々こさいます。而して此慈善といふことに付ては近頃追々に世の中の種々なる方面に発達して、到る所に之を唱ふるやうになりましたのは甚た喜はしいことてこさいますけれとも、悪く致すと慈善事業といふものは或は起り或は止み、所謂興廃常ない有様に終つて、品に依ると流行的事業に走る虞れかこさいますから、是は心ある人の余程注意して、此慈善事業をして流行物・慰み物に至らさるやうに力めねはならぬと思ひます。往昔仏者の喜捨とか施与とかいふものかあつて、悲田院とか福田院とかいふものを設立した、詰り仏法の慈善は唯貧者に喜捨するは己自身の心を慰《い》する為めにしたやうに見えます。名利に汲々する世の中にあつて成るへきたけ貧弱を助けやうといふ方法としては頗《すこぶ》る結構に相違ない、けれとも段々人智の進んて行く今日には、其方法は決して慈善の宜しきを得たものてはないと思ふ。人に物を与へるのを心地よしとするのてせう、其事を咎《とが》めるのてはないけれとも、得た人か為めに其怠惰心を増すやうになつたならは、与へた人にも猶《な》ほ罪かあるといはねはならぬのてある。故に喜捨・施与《せよ》といふことに付ては其方法を択はすして力めることにしたならは、其結果は必す人をして怠惰な心を惹起《じやつき》さしむるといふことになるのてこさいます。是を以つて出来心又は一時の慰《なぐさ》み、若くは流行といふやうなものに依ります慈善は、其中には甚しき名聞に依るのもあります、さういふやうな慈善は必す組織的には成立つていかぬものてある。或場合には大層盛に成立つかと思ふと又頓《とん》と秩序立つたる手段を以て此慈善経営を尽さぬ様になる、それは慈善として大に嘉すへきものとは申されませぬ。感化救済といふことに付て大綱を論するならは、成へきたけ慢に与へす、与へたるものは必す効能あるやうにして、而して其施設か飽までも権衡を得て、持続的に経営するといふことか、最も心掛けねはならぬ極く重要なことゝ私は考へる。

凡そ人間生計の有様は数多いもので、所謂千差万別てあるけれとも其場合に於て大抵程度といふものがある。其程度は衆人か見て知れるものてあつて、常識に富んた人の必す判断し得るものてある。其常識の判断に依つて物の程度を成たけ失はぬやうに、感化事業てあれ、若くは救済事業てあれ、経営するを以て第一義とせねはならぬと思ふのてこさいます。感化の事業に付て私は其方法を茲に二・三申上け試みたいと思ふのてありますか、是はなか〳〵むつかしいことてす、感化事業位むつかしいものはないと私は思ふのてす。文明の進んた国柄には種々なる教育かあつて、各種の学校に依つて人の知識を進めて行く、蓋し此学校教育も或点に於ては感化てある。又社会の交際上種々なる人々か交互錯綜して、相談し相交しる、是も亦感化てある。併し是等は通常皆相共に相当な知識を具へ、適当なる経営を為す者の間にあるのてある。故に若し其処に一歩優れた人かあれは自然と其人に薫陶を受けるといふことになりますからして、余程行い易い。所か感化救済を受ける人にあつては、多くは其境遇の甚た宜しからぬ者てある。而して教育の殆と無い者てある、さういふ少年若くは成年の者を集めて、之を感化して善良の人たらしめやうといふことてありますからして、大学者先生か講堂て声を枯して講演するのてさへ、或場合には学生の中に心得違ひをする者かあります。然るに此感化の事業に於てはまた今日の設備も、決して学校のそれと同しやうなることにはなつては居らぬ、而して感化法の制定も、漸く明治三十三年になつて世の中に現はれたと申す程遅いのてある。併し世の進む程感化の必要を生するといふことは、是は理解し得るたらうと思ふ、一例を申しませうならは、現に東京の養育院に於て之を証明する。東京の養育院に私か従事し始めた明治七年には四百人位を入れまして、窮乏の人をは大抵網羅し得たと申す程てあつた。今日より余程貧困の階級を強くして収容した。爾来年を逐《お》ふて東京市の住民か増し、東京市の富の進むと同時に同し比例を以て窮民か殖へて来る。富と窮民と同し比例て進むといふと、貧民の多くなるのか富の進んたといふことになつて、不相応しからぬやうてあるけれとも、実際はさうなつて居る。明治十三・四年頃の東京は今日の東京と比較して富の程度か同様てはない、同様てない所てない、大変上つて居る。試に明治二十七年の日清の戦争の時に、国家の大事として東京市民か力を入れて募債に応した、その時の有様はとうてあつた、又三十七・八年のそれとはとうてあつた、殆と十と一とを以て数へる程てある。必す数倍に増して居るに違ひない、けれとも貧民も同様に増して居る、故に国家といふもの丶富の増す程、困難の人か多数になるといふことを覚悟しなければならぬのてあります、此困難の人、貧窮の人をして、宜しく其所を得せしむるか王道てある、人道てある。

そこて感化事業に付て、私か東京市養育院に於て聊《いささ》か実験しましたことに付て二・三の愚見を茲に陳述して、諸君の参考に供したいと思ふのてこさいます。感化事業は唯一に論し切る訳に参らぬ、感化すへき種類か大別しても尚四つ五つに分たねはならぬかと思ふやうてこさいます。併し此分別する程度はとれ程にしたか宜しいかといふに付ては、また私も茲にハッキリとした案を具して申上け兼ぬる、是等は能く御攻究あれかしと希望する。例へは相当なる田舎の人の息子て、其家庭て之を矯正し切れぬといふ者も即ち感化すへき一つの種類といはねはならぬ。富者とか豪家とかいふ程てなくしても、相当の家柄の人の子ても、其家庭のみて矯正・戒飭《かいちょく》の届かぬ子供か毎々こさいます。又扶養義務者かありなから之か完全に其職を尽すことか出来ない、何となれはそれか貧困である、旁々以て浮浪の徒になるといふ種類もあります。又真の不良少年といふのもある。又感化すへき人の中には女子もある、是は男子とは勿論切分けたる感化するのか必要である。又悪事に手を染めた種類かある、即ち犯罪者かある、是等のものは感化するに及はぬといふ訳にはいかぬ、矢張り是も感化すへき種類のものとしなければならぬ。

〔中略〕

　感化する方法に付て孰《いず》れを是とするかといふ問題てこさいます、少年若くは中年――殊に不良少年の如きは成るへきたけ意思の沈静にある様に、落付いて仕事の手に附く様に、又もう一つには自然に家庭の形造りを以て情愛の温かな有様に浴さしめる様にしたいのである。故に仏蘭西のメットリーとか、英吉利のレットヒルとかいふ所の感化院ては大抵各家庭に区別して、且つ其居所等も最も清潔に致させて居るさうてこさいます。私は其メットリーに参つて見ませぬから能く実況を知りませぬ。併し仏蘭西に於てガイヨンといふ所の感化院を実見しました、是はメットリーなとゝは違つて全くの家庭法とはいへぬのてあつた。此ガイヨンは仏蘭西政府から費額を供して種々なる学校を設けて居る、左まて大きい感化院てはこさいませぬ、入院者の数か概略三百人てあつた、併し其所有の土地は甚た広い、其場所は田舎てこさいます。丁度巴里から三時間はかかり鉄道に乗りましたやうに覚えて居ります、而して其隣り近所に家なとかなくて全く感化院か一構へになつて、近所に大なる耕作地を持つて居つて、感化児童は皆農業を主として経営して居りましたか、其収容の仕方も居所も食事も病人は別てあるか、又或階級に分つてあるけれとも、数級に分つ位てあつて、五人七人を一家族といふ様な制度にはしてなかつた、而して其院長はブラオンといふ人てあつて、長年勤務して居ると申すことてすか、私の参りました時に殊更に注意されましたか、二人の少年か院規を犯して拘禁されて居つた者かある。それをは私共か院内を廻つて行くと、私共への御馳走に其禁を解いて、今日は斯ういふ東洋からの珍客かあるから、此珍客の為めに日は早いけれともお前の拘禁を解いてやるから、此珍客に向つて厚く謝意を述へろといふのて、我々に向つて、誠に今日は有難うこさいます、御客様の御蔭て此禁錮か解けましたと、喜ひの顔を以て礼を述へた。そこらは院長の御手際と私共は感心しました。併し待遇方又は賄ひの仕方、各部屋の有様、病気の手当等は矢張り合宿法といはねはならぬのて、全くの一家族制度て、個々別々にはなつて居ない、長屋か一つあつて部屋〳〵を小さくしてある故に二十人も三十人も一つ部屋には居らぬけれとも、集つて食事をする、集つて仕事をするといふことになつて居つて、合宿的に組立てゝあつた。近頃感化院の収容方法に付て合宿式は悪い、家庭式てなけれはいかぬといふ。又家庭式は経費か掛つてなか〳〵其世話か届かぬ、小さい仕掛ならは出来るか知らぬか、若し感化すへき人員か沢山あるとすれは、狭く深くしては多数の望みには応しられぬから、寧ろ浅く広くした方か宜いといふやうな議論かあるのてこさいます。是等は最も攻究してやらなければならぬものてこさいます。

【出典】「感化事業の方法と感化の程度」一九〇八年九月二四日、第一回感化救済事業講習会での講演(渋沢青淵記念財団竜門社編 一九五五―六五、第二四巻、四〇七~四一〇頁)。

言葉の古さもあって読みにくい印象や昔風の考えを感じたかもしれない。または現代社会からすると当たり前の感覚ととらえる方もおられるかもしれない。しかしながら、この講話の含意するところは極めて多くそして深い。

冒頭にある「感化事業」とは『広辞苑』(第六版)によると「不良の性癖のある少年・少女をその環境を改めて保護教育し、これを矯正する事業。教護事業」と記されている。時代背景としてこの講演がなされた明治末年頃には「貧窮救済」にせよ、「慈善」にせよ、そのような考え方自体が社会全体に乏しい時代であり、救済事業は「好事家の閑事業」とみなされ、おこなう人はお寺のお坊さんか道楽な金持ちか、よほどの変人とみなされていた時代であった(大谷 二〇一一、二三五頁)。救済や慈善・感化は大正時代に入って「社会事業」という言葉に置き換わるが、日本に社会事業が成立したのは、学界において「科学化」と「専門職員教育養成」が用意される一九二〇年ころと考えられており、ここに取り上げた談話はそれ以前のものなのである(同、四一〇頁)。渋沢が社会事業に取り組むようになった理由は、幼少期の父母の影響や、パリ滞在時の病院や学校の見学とその支援としての慈善バザー方式の知見などが指摘されている(渋沢研究会編 一九九九、二六三、二七九頁)。そうではあっても養育院と深くかかわるきっかけは半ば偶然のものであり、月に二度ほどしか出勤できない渋沢に代わって運営責任を担った安達憲忠も、渋沢によって見出された人材であって、渋沢の前にこの事業を推進する先達がいたわけではなかったのである。

渋沢は大きな袋をいつも腰にぶら下げて商工会議所や日本工業倶楽部などに集まる実業家から募金を直接集めていた、と言われるほど、熱心に社会事業を支え続けた(一番ケ瀬 一九九四、二六一頁)。まさに他に誰ひとりとしてとって代わる人材はなく、日本では一九二九年にようやく救護法が制定され、一般国民を対象とした公的扶助制度ができたのであるが、それ以前には無いに等しい状態であった(大谷 二〇一一、四七六頁)。

渋沢は晩年に至るまで、養育院を生んだ「七分積金」の創設者松平定信の命日である毎月一三日に、欠かさず養育院に登院し、児童を収容する巣鴨分院に出向いて子供らに話をし、お菓子などのお土産を配っていた(同、二六一頁)。それらを知って先の渋沢の談話を読むと、この談話がまさに渋沢が自ら見聞きしてきた社会事業活動に根ざしたものであり、自ら感じたこと、考えたことが、そのまま話されていることがわかるだろう。

渋沢は、その反対者に対して必要な社会事業の意味を説明し、説得しながら養育院を支え続けた。そこに現れている考え方は、まず、たとえ不道徳な行いによって貧困に陥っているとしても人道に基づき救いの手を差し伸べるべきという人道主義に根ざしたものであった。また貧困の原因は個人にのみ帰するものでなく、社会の側にも貧困を作り出す原因が存在していることを見据えたものであった。それゆえ、資本主義が発達すればするほど貧困は増大し、それは家族や近隣の助け合いという美風や愛情で遇することのできるレベルでないことを主張した(同、二三七〜二三九頁)。貧しい人にお金を出しても怠け者になるだけだという、当時の養育院廃止論に対して、以上のような考えを固めつつ、辛抱強く説き伏せて一八八五年から一八九〇年の私的経営の時期さえも乗り切ったのであった。

同時に養育院の必要性を、防貧の重要性によっても説明している。すなわち、もちろん人道上、防貧が最も大事なわけであるが、それに加えて、政治の目的は人民の生を安んじるべきものだから、貧民救済をしなければならないと説明した。さらに国の生産的労働力の増進という観点からも救貧、防貧を説いているのである(同、二四一〜二四三頁)。

以上、渋沢の社会事業観が言葉の端々に生々しく表れた演説といえよう。渋沢は七〇歳、七七歳と二度の節目で実業界から引退したが、社会事業には亡くなるまでかかわり続けた。先にも記した救護法が一九二九年に制定されたが、予算不足を理由に施行期日が決まらなかった。一九三〇年一一月、救護法実施促進期成同盟会委員の斡旋依頼を受け、渋沢は病苦を押して政府への施行の陳情を請け負った。渋沢が亡くなったのは翌年の一一月、法の施行日はさらに一九三三年一月であった。まさに生涯のライフワークともいえる、命を懸けての社会事業への献身と言えよう。

【参考文献】

一番ケ瀬康子(一九九四)「渋沢栄一」『一番ケ瀬康子社会福祉著作集　第五巻』労働旬報社。
大谷まこと(二〇一一)『渋沢栄一の福祉思想――英国との対比からその特質を探る』ミネルヴァ書房。
渋沢研究会編(一九九九)『公益の追求者・渋沢栄一』山川出版社。

第14章　道理正しいビジネス

渋沢は自分自身を「思想家」と表明したことはないが「言論人」の自覚はあったかもしれない。なぜならば、財界を代表して新聞・雑誌に景気の見通しに関する見解や政府の経済政策に対するコメントをしばしば発表していたからである。渋沢の世間一般に対するメッセージには幾つかの基本パターンがあった。一般的によく知られているのが「論語と算盤」、「道徳経済合一説」、「義利両全」などの彼の主張するところの論語や道徳に根ざした経済活動の主張であろう。渋沢はこのようなメッセージを経営活動を始めたばかりの明治前半期から断片的に表明していたが、これらの主張が際立って多くなってくるのは後半生、大正期の実業界引退後なのである。ちなみに前半生においてもよく用いられたメッセージ、フレーズは「合本法」や「合本組織」、「官尊民卑の打破」、「道理正しさ」などであった。

渋沢は欧州より帰国した時に、自己の所属した幕府は既に瓦解していた。幕臣であることが意味を持たなくなっても、故郷に帰って農業や藍玉商売に戻るつもりはなく、新しい世の中に何らかの貢献ができる仕事に就きたいと考えた。まず静岡藩や新政府において官吏、またはそれに近い立場で自分の得意とする経済活動を支援することに携わった。しかし、強い民間を作らないと欧米のような近代社会にならないこと、そのためには民間そのものにリーダーが必要なことを強く自覚し、政府を去って民間に移った。既に紹介したように多くの人の力で強い民間を作る仕組みが「合本組織」であり、その考え方が「合本法」であった。それはビジネスだけでなく民間でできる社会福祉や教育などすべての組織に当てはまる考え方であった。多くの人が集う「合本」の組織には意思決定するための秩序の拠り所が必要であり、それを渋沢は「道理」と表現し、民間のビジネス世界が政治家や官吏などの「公」世界と同じ扱いを受けるために、道徳や論語に基づいた意識を醸成することに努めたのであった。ここでは一九一二年に刊行された『青淵百話』の中で展開された「道理」や「論語と算盤」と名付けた道徳に関してまとまって発表された渋沢の主張を取り上げよう。

道　理

道理といふ言葉は能く通俗の談話中にも用ひらる、所で、「そんな道理はない」とか、「斯々《これこれ》の道理ではないか」なぞと極めて卑近の意味に応用されて居るが、併し文字の上から考察すれば中々高尚遠大の意義を含有する所の言葉である。

〔道と理と〕「道」といふ文字は四書の中にも多く見ゆるが、専ら宋朝学者に重んぜられたもので、「道は天下に充塞するものである、道に依らなければ人世一日も立つことは出来ぬものである」なぞとは当時の人の能く口にした所であつた。元来「道」とは則ち道路の意で人間の必ず踏まねばならぬものであるから、これを直ちに道徳上に応用し来り、その形より推論して、人の心に行ふ所、守る所の正しき一切のことの上に此の文字を用ひて、人の心の行くべき径路を「道」と名けたものであらう。又「理」といふ文字も、彼の閩洛《びんらく》派が頗《すこぶ》る尊重した所のものの一つで「理天地を生ず、未だ天地あらざる前、先づ此の理あり」抔《など》いうて、天地の在る以前より理はあつたもの、人間は理より生れたるものの如くに言つてある。程伊川《ていいせん》の「四箴《ししん》」中「動箴《どうしん》」に「理に順《したが》へば則ち裕、欲に従へば惟れ危し云々」の一句があるが、これ等も「理」とは如何なる意味であるかを窺知《きち》するに足るものであらう。要するに「理」には「筋」といふ解釈が適当で、日常談話に用ひらるる「真理」など云ふ言葉より推すも、凡《おしなべ》て筋立てることの意に観て差支ないことと思ふ。而して此の「道」及び「理」の二文字を合して「道理」といふ言葉が成立したものであらう。

〔道理の定義〕　今此の言葉を約言すれば、「道理とは人間の踏み行ふべき筋目」といふ意味になる。故に人間は万事万般の行ひを此の道理に当嵌《あては》め、これに適応するや否やを判断し決定するが最も緊要のことである。のみならず、而も亦それが処世上に於ける唯一の方法であらうと思ふ。然らば何人も此の「道理」を的確に見定め得らるるだけの見識を持ちて、亦それを適当に履行すればそれで過誤なきを得るに至るであらうかといふに、これは絶対に満足とは言ひ切れぬが、自ら「道理」に協つた遣り方をしたと信ずるの行為に於て、若し万一其の結果が不充分であつても、それは如何とも為難きものであるから、斯かる時は天を怨みず、人を尤《とが》めず、先づ自ら安心してよいことであらう。兎に角「道理」とは人の行くべき道、従ふべき掟であることたるは、蓋《けだ》し疑ふ可き余地が無いのである。

〔道理の識別〕　然らば実際に於ける道理の発現若しくは活動は如何なるものであらうか。これは中々面倒な問題である。例へば事を処し人と接する時、先方の相手が吾儘を云うたり行うたりした場合、これに従ふが道理であらうか、それとも之に反抗して自ら信ずる所を押し通すことが道理であらうか。或は利を以て説かれた際、これに加つて共に事を行うてよいか、それとも利益は失ふとも他人の誘拐には従ふべからざるものであらうかと、日常身辺に蝟集《いしゅう》する事物に対し、一々これが誤らざる鑑別をすることは恐らく想像以上の困難であらう。しかもこれ等の問題の勃発することを予知することが出来て、それに対する処置に就いて考慮を回らすだけの時間があれば未だしもであるが事件は多く予測せざるところに起るもので、造次《ぞうじ》顚沛《てんぱい》の間にもそれがあるから甚だ困る。若し君の為に一命を捨て、親の為に身を殺すといふ様な人間一生に係る大問題で、その中に誰が観ても直ちに首肯し得る程の道理が含有して居る、しかも平生滅多にないことならまだよいが、人間界のことは小事が積んで大事となり、一日が積んで百年を生むが社会の常で、小事と思つたことも後日案外の大事となつて再現する様な例はまゝあるから、中々に油断は出来ない。故に道理の識別を過たぬ様にすることは容易ならぬ仕事である。されば人は此の間に存する道理を、精密の観察と注意とを以て能く見分け、其の事の軽重公私を公平に分別し、重きに就き、尊きに従うて誤らぬ様にしなくてはならぬ。果してこれを過たぬだけにすることが出来るならば、何人も世に立つて渋滞する所がなくなるであらう。のみならず其人の行ふところの道理が一々節に当れば、其人は他から見ても道理の権化とも云へるのである。論語に「君子は食を終ふるまで仁に違ふなし」とあるも、畢竟《ひっきょう》君子人の事に当つて払ふ所の注意に小止みなきことを云つたもので、一挙手一投足も道理に外れぬが即ち君子の行ひである。

［誤らざる識別法］　偖《さて》、其の的確なる識別は抑〻何に依つてやればよいか。これには種々様々の工夫もあるであらうが、何よりも先づ平素の心掛を善良にし、博く学んで事の是非を知り、七情の発動に対して一方に偏せぬやうに努めることが一番大切であらうと思ふ。就中智を磨くことは最も肝要である。もしも智識が不足で充分に事の是非を弁別することが出来なければ、或は感情に走り或は意地に制せられるといふ恐があるから、由りて以て道理が晦《くら》ませられることになる。甚しき一例を挙ぐれば、非常に感情の興奮した場合などに、自分は真理だ道理に協《かな》つたことだと為して言つたこと行つたことが、後日心の静平なるに及んでこれを顧みると、存外に道理を踏み外し真理が非理であつたと感ずることなぞも能くあることである。又人に対して其の言ふ所が不道理だと意地張りになつて怒つたことでも、却て先方に道理があつて自分の方が誤つて居ることもある。かくの如く感情は悪くすると事物を曲視することが無いとも限らぬから、これを適度にするには智を磨くより外方法がない。智を磨いて、森羅万象正しい識別が与へられる様になるならば、感情も意志もそれが為に曲げられる様なことなく、道理のある所は何処までも道理として貫くことが出来る。故に「道理」の完全なるを期するは、今日の心理学者の所謂「智情意」の三者が均衡を得る時に於て、始めて出来得るのである。

【出典】「道理」『青淵百話』五、一九一二年（渋沢青淵記念財団竜門社編　一九六六―七一、別巻第六、一一三〜一一四頁）。

渋沢のスピーチやメッセージにおいて最も登場したキーワードは「道理正しい」かもしれない。道理は「人間の踏み行ふべき筋目」であり、道理正しい選択を識別するためには、「平素の心掛を善良にし、博く学んで事の是非を知」る必要があると説いている。重ねて「智を磨くことは最も肝要である」と述べ、渋沢が英語や経済知識などの近代的な教育を授ける教育機関の育成にきわめて熱心であった。そのことをあわせて考えれば、「智」を学ぶ場は西欧知識に根ざした近代教育機関を想定していたと考えるべきだろう。

論語と算盤

［仁義と富貴］　従来儒者が孔子の説を誤解して居た中にも、其の最も甚しいものは富貴の観念貨殖の思想であらう。彼等が論語から得た解釈に依れば「仁義王道」と「貨殖富貴」との二者は氷炭相容れざる者となつて居る。然らば孔子は「富貴の者に仁義王道の心あるものは無いから、仁者とならうと心がけるならば富貴の念を捨てよ」といふ意味に説かれたかといふに、論語二十篇を隈なく捜索しても、そんな意味のことは一つも発見することが出来ない。否、寧ろ孔子は貨殖の道に向つて説を為して居られる。併しながら其の説き方が例の半面観的であるものだから、儒者が之に向つて全局を解することが出来ず、遂に誤を世に伝へる様になつて仕舞つたものである。例を挙ぐれば、論語の中に「富と貴とはこれ人の欲する所也。其の道を以てせずして之を得れば

処《お》らざる也。貧と賤とはこれ人の悪む所也。其の道を以てせずして之を得れば去らざる也」といふ句がある。此の言葉は如何にも言裏に富貴を軽んじた所があるやうにも思はれるが、実は側面から説かれたもので、仔細に考へて見れば、富貴を賤《いや》しんだ所は一つもない。その主旨は、富貴に淫《いん》するものを誡められたまでで、これを以て直ちに孔子は富貴を厭悪《えんお》したとするのは誤謬もまた甚しと謂はねばならぬ。孔子の言はんと欲する所は、道理を以て得た富貴でなければ寧ろ貧賤の方がよいが、若し正しい道理を踏んで得たる富貴ならば敢て差支はないとの意である。して見れば富貴を賤しみ貧賤を推称した所は更に無いではないか。此の句に対して正当の解釈を下さんとならば、宜しく「道を以てせずして之を得れば」といふ所によく注意することが肝要である。

［正当の富貴功名］　更に一例を以てすれば、同じく論語中に「富にして求むべくんば執鞭の士と雖も我亦之を為さん。若し求む可からずんば吾が好む所に従はん」といふ句がある。これも普通には富貴を賤しんだ言葉のやうに解釈されて居るが、今正当の見地から此の句を解釈すれば、句中富貴を賤しんだといふやうなことは一も見当らないのである。富を求め得られるなら賤しい執鞭の人となつてもよいといふのは、正義仁義を行うて富を得らるゝならば、といふことである。即ち「正しい道を踏んで」といふ句が此の言葉の裏面に存在して居ることに注意せねばならぬ。而して下半句は正当の方法を以て富を得られるならば何時迄も富に恋々として居ることはない。好悪の手段を施してまでも富を積まんとするよりも、寧ろ貧賤に甘んじて道を行ふ方がよいとの意である。故に道に適せぬ富は思ひ切るがよいが、必ずしも好んで貧賤に居れとは云うて無い。今此の上下二句を

約言すれば、正当の道を踏んで得らる丶ならば執鞭の士となつてもよいから富を積め、併《しか》し乍《なが》ら不正当の手段を取る位なら寧《むし》ろ貧賤に居れといふので、矢張此の言葉の反面には「正しい方法」といふことが潜んで居ることを忘れてはならぬ。孔子は富を得る為には実に執鞭の賤しきをも厭《いと》はぬ主義であつた、と断言したら恐らく世の道学先生は眼を円くして驚くかも知れないが、事実は何処迄も事実である。現に孔子自らそれを口にされて居るから致し方がない。尤も孔子の富は絶対的に正当の富である。若し不正当の富や不道理の功名に対しては、所謂「我に於て浮雲の如し」であつたのだ。然るに儒者は此の間の区別を明瞭にせずして富貴といひ功名といひさへすれば、其の善悪に拘らず何でも悪いものとして仕舞つたのは早計もまた甚《はなは》だしいではないか。道を得たる富貴功名は、孔子も亦自ら進んで之を得んとして居たものである。

［朱子学の罪］　然るに此の孔子の教旨を世に誤り伝へたものは彼の宋朝の朱子であつた。朱子は孔子の経解学者中では最も博学で、偉大の見識を持つて居たものであらうが、孔子の富貴説に対する見解だけはどうも首肯することが出来ない。独り朱子のみならず、一体の宋時代の学者は異口同音に孔子は貨殖富貴を卑んだもののやうに解釈を下し苟《いやしく》も富貴を欲して貨殖の道を講ぜんと志すものは、到底聖賢の道は行ふことが出来ないものであるとして仕舞つた。従つて仁義道徳に志すものは必ず貧賤に甘んずるといふことが必要になつて、儒者は貧賤であるべきこととなり、彼等に対しては、貨殖の道に志して富貴を得る者をば敵視するやうな傾向を生じて、遂に不義者とまで仕てしまつたのである。然るに朱子の学風は我国に於ては頗る勢力があつたから、孔子に対する誤解も亦

社会一般の思想となり、富貴を希ひ貨殖の事に関係するものは、何でも彼でも仁義の士とは謂はぬ様になつた。殊に致富に関する事業の位地が卑かつた為に、此の観念は一層強いものとなつて社会に現はれて居た。要するに、我国の国民性をつくる上に於て、朱子学は偉大な貢献のあつたことは認めなければならぬが、それと同時に、又富貴貨殖と仁義道徳とは相容れないものであるとの誤つた思想を蔓延させた弊も掩《おお》ふ可らざる事実である。併し一世の大儒たる朱子すらも猶且つ左様であるから、況や後の凡儒者流が之に雷同して、孔子の本領を誤らしめたことは蓋し無理なきことであらう。

〔孔子は一の道学者に非ず〕　元来孔子を解釈して一個の道学先生であるとして仕舞ふから、こんな間違ひも生じて来たのである。孔子の本体は後の儒者の目するごとき道徳の講釈のみを以て能事とする教師ではなかつた。否、寧ろ堂々たる経世家であつた。孔子を目して経世家なりと断定するのは必ずしも吾人の一家言ではない。それは孔子が四方に遊説した事実を調査して見れば何人も了解に苦まぬ所である。曽《かつ》て故人の福地桜痴居士の著述した「孔夫子」といふ書物があるが、その書中に次のごときことがある。「孔子は若い時代から常に政治家となる野心を抱いて居り、晩年に及ぶまで自己の経綸を施すべき機会を狙うて東西に奔走して居た。しかれども彼が一生を通じて其の志望を果す可き時機は遂に来なかつた。故に六十八歳の時断然政治的野心を放棄して仕舞ひ、爾後五年間に於ける孔子の生活は、全く道学の宣布子弟の教育に一身を委ねて居た云々」といふことであるが、余は此の説に全然同意はせぬけれども、少くとも孔子の生涯を知る程のものなら、其の政治に心を持つて居たといふことを拒む者は無いであらう。斯の如き観察の下に孔子の言説を見れば、それは確かに堂々たる経世家の主張である。孔子が貨殖の道に対して決して忽諸《こっしょ》にしなかつたのは蓋し当然の事と謂はねばならぬ。

［孔子の本質］　惟《おも》ふに古の聖人は其の徳を以て位に居た人々で、堯舜《ぎょうしゅん》禹湯《うとう》文武《ぶんぶ》の如きは即ちそれである。而して孔子も其の徳を具有して居たけれども、不運にして其の位を得ることは出来なかつた。故に彼が其の満腔《まんくう》の経綸も施すに所無く終つたのであつたが、若し孔子にして堯舜禹湯文武の如く為政者の地位に在らしめたならば、必ずや実際に於て其の経綸的思想を遺憾なく発揮せしめたことであらう。孔子の根本主義は彼の「大学」に説ける如く「格物致知《かくぶつちち》」といふことにある。貨殖の道は又経世の根本主義である。果して孔子が政治に志を持つて居たものならば、貨殖の道を外にして経世の方法はないから、必ず貨殖をも重んじて居たに相違ない。これ実に余が見解である。

近年漢学の再興につれて論語も大分読まれるやうになつて来たらしい。併し乍ら論語を読んでも、同じく旧来の如く富貴功名を卑むべきものであると解釈して居ては何の役にも立つものでない。之を読むに方つては、余が所謂「論語と算盤」との関係を心とし、これに依つて致富経国の大本を得んと志してこそ、初めて真に意義あるものとなるのである。「論語読みの論語知らず」といふことは、最早前世紀の言葉である。今は之を読んで一々活きたものとして使用しなくてはならぬ。然るに今日でも生意気の青年なぞになると、時としては論語を目するに旧道徳の残骸を以てし、旧時代の遺物として殆ど之を顧みない者がある。これは甚しい誤解である。聖人の教は千古不磨のもので、必ずしも時代に因つて用不用のあるべきものでない。余は明治時代に生活し、而も論語を行為の指導者として来たが、今日迄は更に不便を感じなかつた。して見れば旧時代の遺物でもなければ、旧道徳の残骸でもない。今日に処して今日に行ひ得らる、所の処世訓言である。世の貨殖致富に志あるものは、宜しく論語を以て指針とせられんことを希望する次第である。

【出典】「論語と算盤」『青淵百話』二二、一九一二年（渋沢青淵記念財団竜門社編　一九六六—七一、別巻第六、五一〜五四頁）。

渋沢は従来の「仁者となろうと心がけるならば富貴の念を捨てよ」と理解されてきた点に対して正しい道理を踏んで得たる富貴ならば差し支えないのであって、それを相容れないものと位置づけた朱子学の系譜を強く批判した。貨殖の道は経世の根本であり、これを軽んじることはないと、自己の解釈を押し通すのである。

その上で商業そのものの「職分」を論じる。それは自己一身だけのものではなく、公利公益に資する社会の中に正当な存在であることを強く主張し続けた。

商業の真意義

或る人が余に「商業の真意義とは何であるか」との質問を発し、且つそれに添へて曰ふ。「社会共通の利を図るに孜々《しし》として、私利を顧みざるものが真の商業か。それとも自己の利益ばかりを主とし、社会の公益は寧ろ第二の問題として置くも差支ないか。若しくは、道徳に反せざる範囲に於て有無相通じ、此の間に私利を図るがよいか。此等の点に就いてお説を聞き度い」とのことであった。成る程これは商人として抱く可き疑問で、何人も其の真意義を心得て居らねばならぬことであらう。それ故余は自ら信ずる所を述べて其の人に答へたが、其の趣旨は左の如きものであった。

［働きと職分とを区別せよ］　余は嘗《か》つて人生観に論じたる如く、人は主観的に社会に立つべきものでなく客観的に考へてゆかねばならぬ。故に多芸多能、多智多才の人でも、唯一人のみにて世の中に存在してゆく訳にはゆかぬもので、一郷、一郡、一国の為に考へなくては、真に人生の目的を達したとは謂はれない。孔子が「仁者は己立たんと欲して人を立て、己達せんと欲して人を達す」と曰はれたのも此の旨意と同一なので、孔子も矢張社会的観念を以て世に立たれたものと思はれる。故に商業に従事する人も同じく此処に根本観念を置いてかゝらなくてはなるまいと考へる。元来商業を営むといふことは、自己の為に起る行為に相違なからうが、商業といふ職分を自己一身の為のみと思ふと大なる間違ひである。道理より考へれば一方は物品を生産し一方は其の物品を消費する、此の間に立つて有無相通ずるの職分を全うするのが商業の目的である。而して此の行為は互に相寄り相助けなければ出来ぬことで、如何に己一身だけ孤立してやり度いと焦つてもそれは何人にも不可能のことである。故に曰く、商業といふ働きは一身の為であるが、其の事柄は一身の利慾のみにては為し得られぬものだから、此の職分を私することは出来ぬのである。

［公益と私利］　殊に商業に於て最も厳重に差別をしてかゝらねばならぬことは、公益と私利とい

ふことである。兎角世人は、商業は利慾の為に、即ち私利に拘泥《こうでい》するものであるといふやうに解釈するが、これは世人の解釈が間違つて居るのであらうと思ふ。其の私利私慾に拘泥するといふことが、得手勝手な真に自己一身の利慾の為に図るのなら左様いふ譏《そしり》を免れることは出来ないけれども、商人が道理正しく有無相通ずるの働きをすることと、茲に所謂私利私慾といふこととを同一に認むるのは、全く不当の解釈である。余の見解を以てすれば、真の商業を営むは私利私慾でなく、即ち公利公益であると思ふ。或る事業を行つて得た私の利益と謂ふものは即ち公の利益にもなり、又公に利益になることを行へばそれが一家の私利にもなるといふことが真の商業の本体である。此の故に商業に対して私利公益なぞと区別を立てて議論するは全くの間違ひで、利益に公私の別を立てて行ふ商売は、真の商業でないと余は判断せねばならぬ。

併《しか》し乍《なが》ら此の公私の差別に就いては、審《つまびらか》に分別して考へぬと、飛んでもなき間違ひを生ずることになる。例へば一家の事業を経営することに対し唯々己自身の利を図るものだと云ふ論断をされることが無いとも限らない。けれども国家の本源に遡つて考へて見ればそれは直ちに判明することである。個人の多数集合した団体が即ち国家ではないか。しからば個人個人が孰《いずれ》も道理正しい業体を以て進んで行つたならば、それ等の分子を集めて成立して居る国家は自然と富実になる訳である。して見れば一家の計を立てることは必ずしも私利を図る訳ではなく、これを広義に解釈すれば矢張公益を図るものであると謂へる筈である。茲に注意すべきは、其の業体の性質に就いて選択を誤らぬやうにせねばならぬといふことである。其の業体の正と不正とに依つて自ら公益と私利とが分れるのであるから、業務の選択も根本を誤らぬやうにせねばならぬ。例へば業体には、道理正しいものと、法律にこそ禁ぜられぬけれども道理上卑《いやし》むべきものとがある。それ等を混合して尚、公益と私利と同一なものであるといふやうなことがあつてはならぬ。

〔私利私慾の終局〕　若し一人仮に我が私慾ばかりを図る者があるとして、其のものが業体の如何をも顧みず、一途に利益といふことのみ目を眩《くら》ましてかゝつたとしたならば、其の結果は如何なるであらうか。余は此の人が必ずしも利益を得られぬとは言はない。固より広い社会のことであるから、左様いふ仕方をしても一身一家の繁栄を得らるるかも知れぬ。併し乍らこれは道理に背いた仕方である。社会を犠牲とし国家を眼中に置かぬやり方である。若し左様の人物のみ多く出て、互に利慾に汲々としならば、遂に奪はずんば飽かざるの世となつて仕舞ふであらう。斯の如くにして国家は維持されようか、社会は団結を保たれようか。論ずるまでもなく左様いふものは国家の破壊者、社会の攪乱者である。個人の集合団体たる国家社会にして破壊せられんか如何で一家一人を満足に保ちゆくことが出来よう。故に斯かる人は私利私慾を図らんとして却て一身一家の破壊を招くに等しいのではないか。左様いふ意味に於て得たる繁栄は、長く保つといふことは得られまいと思ふ。

〔結論〕　余は再言す、商業は決して個々別々に立つものではない。其の職分は全く公共的のものである。故に此の考へを以てそれに従事しなければならぬ。公益と私利とは一つである。公益は即ち私利、私利能く公益を生ず、公益となるべき程の私利でなければ真の私利とは言へぬ。而して商業の真意義は実に此処に存するものであるから、商業に従事する人は、宜《よろ》しく此の意義を誤解せず、公益となるべき私利を営んで貰ひ度い。これ軈《やが》て一身一家の繁栄を来すのみならず、同時に国家を富裕にし、社会を平和ならしむるに至る所以であらう。

【出典】「商業の真意義」『青淵百話』二五、一九一二年(渋沢青淵記念財団竜門社編　一九六六―七一、別巻第六、五八～六〇頁)。

江戸時代、商業は幕府や諸藩の御用商売が中心であり、独自のものは手内職や小売商人に限られていて、商人はとにかく武家の顔を窺っていればよい存在であった。時代がかわっても旧習は改まらず、これに対して渋沢は「実業家の品格を高め智識を進め、力を大にしなければ国家を富強にすることは出来ぬ」と考え行動したのであった。

日本の商業道徳

明治維新後も官尊民卑の弊習が残つて居て、当初に商工業を盛んにしようと云つて先見ある政治家が欧羅巴《ヨーロッパ》を真似て会社を起すのに、会社の頭取を政府から命じたものである。近頃松尾臣善氏と会同して昔譚《ばなし》をしたことがあつた。明治の初に大蔵省に通商司といふ役所があつて氏が其の処の役人をして居た時の懐旧談に、本郷の追分に高長といふ酒屋がある、其の主人が廻送会社の頭取を仰付けられて有難く思うて居る其の時、松尾氏が高長に向つて「君は仰付けられたといふけれども、廻送事業に損が立てば其の損を担はなければならぬぞ」と曰うたら、「斯うして御用を仰付けられて居れば左様いふ事は無い筈だ。其の証拠には、御書附を戴いて居るのぢやありませんか」と曰つて弁解して居つたといふことである。其の頃高長が一番才能ある人といふではなかつたが、廻送会社の頭取を仰付けられて得意にして居たといふのは今考へると実に馬鹿々々しい話で、それを又、仰付ける政府の仕方も不道理なる者ではないか。故に仰付けられた人は皆事業に失敗した。為替会社、商社、廻送会社一として今日まで存立して居るものはない。併し乍ら此の事実を通じて見れば、如何に商売と政治とを混同して居たかが解るだらうと思ふ。それから少しく経過して明治六年に第一銀行は出来たのであつたが、明治二三年頃の仰付けられ時代と相距《あいへだた》ることが遠くなかつたから、斯く申す渋沢なぞも矢張其の一種の仲間に見做されたかも知れない。

其の頃商人と役人との社会的階級の相違は甚しかつたもので、役人と商人とは大概同席で談話はしなかつた。極言すれば殆ど人類の交際はされなかつたものである。江戸では左様迄でなかつたかも知らぬが余の郷里なぞでは別して甚しかつた。殊に小藩主の代官なぞは限りなく威張り散らし、通行の時は百姓町人は土下座をさせられた。其の位であつたから、江戸でも身分高き武家が商人を待遇する時には、勿論席を異にして「どうだな、機嫌はよいか、家内は無事か、……それは芽出度い、市中の景気はよいか」といふ位の有様であつた。幾ら其の頃の商売人だとてそれ程馬鹿ではなかつたけれども、所謂顋《あご》を以て人を使ふ武家も、又それに頭を下げる町人も、悪くいへば互に相《あい》欺《あざむ》いて居つたのだ。併し町人が武家に向つて弁論をするとか意見を闘はすとかいふことは微塵も出来たものでなく、若し武家から無理を云ひかけられても、「でも御座いませうが、何れ熟〻考へて申上げます」此の位の挨拶で同意せぬことは其の場を済ませたものである。真に、町人の武家に対する態度は卑屈千万であつた。されば高長の頭取を仰付けられたのを有難く思ふといふのも、此の一例で了解されるであらう。

［実業界開拓の使命］　兎に角左様いふ姿であつて、力は微々たるもの範囲も狭く、社会的地位も卑いから、外国の実業家なぞに比して迚《とて》も及びもつかない。此の如き有様では、実業が発達し、国家が富むといふ理窟がない故、是はどうしても実業家の品格を高め智識を進め、力を大にしなければ国家を富強にすることは出来ぬ。政府の御書附を頂戴して有難がる時代では到底いかぬと余は深く感じた。それ故是非此の地位を進め品格を上げるといふことを実現させ度いものであると、恰《あたか》も神仏に誓ふと同様の覚悟を以て、不肖ながら一身を犠牲に供してかゝつた次第であつた。斯う言ふと、何んだか自分一人が商売人の元祖本元であるかの様に甚だ高慢らしく聞えるけれども、併し明治六年に大蔵省を辞して第一銀行に入る時の観念は、全く其の積りであつたのだ。

商工業を盛大にしなければいかぬと云ふ事に就いては、其の頃も余以上に深く考慮した政治家、学者抔も沢山あつたであらうが、併し左様いふ人々は自ら商売人に成りもせぬ、又成れもしなかつた。当時のことを回想して見るに、よく商工業者が多少の力を致して少しく発達して見た所で、政治界の名誉と商工界の名誉とは同一のものでないといふ有様であつた。余が銀行者になつた時も、多数の友人は「渋沢もあんな馬鹿な真似をしなくてもよからうに」と、誹謗の言を放つた位である。然るに余は左様いふ時代だから、尚更これは必要的急務であると観念し、それと共に余は一度此の位置に身を置いた以上、実業界の開拓は余が天の使命であるから、終身此の業務を不変の態度で経営して見ようと決意した。爾来四十年間、余は銀行業者であつたけれども、有らゆる方面に世話をやき、製紙業、保険業、鉄道業、海運業、或は紡績に織物に、或は煉瓦製造、瓦斯製造といふやうに其の会社の設立及び経営に助力し、また或る部分は自ら担任もして来た。而して左様に各種の事業に関係したといふことも、今日から観れば必ずしも褒めたことでは無からうが、其の頃自分の考へとしては左様して出なければならぬ理由があると思つた。例へば日本の商工業は新開町の如きもので、其処へ店を始めるには一店で呉服屋、紙屋、煙草屋、荒物屋等何でも兼業にする、所謂「よろづ屋」でなければならぬ如く、商工界の開拓者たる使命を帯びた積りの余は、また各種の商工業に向つて手を下さねばならなかつた。それゆゑ、何でも各種の商工業を早く進め度いとの一念から、必要といふものは片端から起業した訳で、これは今日の一人一役となりかけた時代から見れば、甚だ慾が深く気の多い様に見えるが、時勢の趨向で致方もなかつたのである。年月の過ぐること、事物の変化することは実に早いもので、彼の仰付けられた時代は昔話となつて、今日は百事進化して之を海外に比較するも、力は微弱だがそれ程笑はれぬ様になつたのは、一般に智識の進歩したのと、働きの敏活になつたとの結果で、実に喜ばしい次第である。

【出典】「日本の商業道徳」『青淵百話』二六、一九一二年(渋沢青淵記念財団竜門社編　一九六六―七一、別巻第六、六〇〜六二頁)。

渋沢が人生をかけて説き続けたこれらの「渋沢フレーズ」の一連の流れを素直に読めば、渋沢がどこに力を入れていたかは一目瞭然であろう。社会の有るべき姿そのものを説いたのであった。西欧の進んだ近代社会に比べ、日本社会の特に遅れた場所＝ビジネス社会に自ら飛び込み、中から変革する行動の人であった。多くの人がそれを知っていたので、渋沢の説く信念に真摯に耳を傾けた。誘惑に駆られて不道徳に陥りやすい商工業だからこそ、常に道理正しい行動の重要性を説き続ける必要があったのである。

第15章　労使協調といういばらの道を進む

渋沢の社会に対する実践活動は晩年も衰えることはなかった。というよりも日本社会の行く末を憂い、その抱える問題点に対して自らが直接行動し、少しでも糸口を見出そうというエネルギー・情熱は若いころにも増して大きかったかもしれない。

渋沢は、一九一六年の実業界引退後の「老後の三大事業」の一つとして道徳と社会事業と並んで労働問題をあげている。第一次大戦中のロシアで革命がおこりソビエト政権が樹立されたことを契機に、労使関係に大きな変化が起こることを誰よりも早く理解した財界人が渋沢であった。激化する労使関係の軋轢の解決に果敢に取り組もうとし、また、苦悩させられたのであった。

彼の行動は、まず協調会の設立に向けられた。一九一九年の協調会の設立に中心的な役割を果たしたのは、床次竹二郎内務大臣を中心とする政府内務官僚たちと、渋沢や日本工業倶楽部に集う財界人たちであった。協調会は労働問題を専門に扱う「官民一致の民間機関」であり、労働争議の調停活動、労働者に対する講習会・講演会の開催や労働者学校の経営、さまざまな調査活動と労働問題に関する雑誌や資料の発行、労働問題に関する欧米の最新文献の翻訳、労働行政に関する政府への建議、職業紹介事業、付属の産業能率研究所による科学的管理法の紹介と普及など、実に多様であった。

『渋沢栄一伝記資料』第三一巻には「労働問題ニ対スル栄一ノ意見」という項目が「協調会」とは

別に設けられ、一九一七年から一九二六年の間に三〇本を超える労働問題に対する談話が収録されている。ここで取り上げるのは、一九一九年八月一六日の「労資協調会発起人会」における渋沢のスピーチである。

労資協調会発起人会議速記録

茲《ここ》に協調会を発起しました趣意は、果して十分なる成算を以て、斯《か》くすれば、屹度《きっと》此社会政策も完備が出来る、資本主・労働者の協調も期し得られると云ふ、成竹を備へて申出した訳でございませぬので、時代必要であるから何とかせねばならぬと云ふ、甚だ斯う申すと無策の申しやうでございますけれども、赤誠捨置けぬやうな感じから、此事の茲に及んだと云ふことを、先づ第一に御諒察を願ひたうございます、事業の進歩よりして、経済界若くば一般の社会に大なる変化を惹起したと云ふことは、今此処に喋々《ちょうちょう》を要しませぬ、皆様も御集りの御方々は或は実業に、若くは政治に、学問に、教育に、精神的に、総ての方面御揃ひでございますから何ぞ私は呶々《どど》を要することはございませぬけれども、併し特に茲に一番主として力を入れねばならぬと思ふのは、事業と、労務よりは寧ろ労働と云ふ、此二つに対しては、別して今日所謂目下の喫緊問題と申して宜からうと思ふのであつて、而して其茲に至ると云ふことが、能く考へて見ますと、此場合に於てあゝ成程と思ひますけれども、実は然るべき原因があつて今日に及んだと云って宜からうと思ふのでございます、事ゝしう昔を引いて申すではございませぬが、従来本邦の事柄は多くは家庭的の組立で、其家庭的の組立は、自然と事業主若くは之に従事する者は、師弟とか主従とか云ふやうな関係に依つて成立つたのでございます、物理・化学の応用が、欧米のそれの如く進んで居りませぬから、仕事が極く小規模である、小規模であると同時に、前に申すやうな有様で事足りて居つたから、決して此間に物議を惹起し軋轢を生ずる等のことはなかつたのが当然である、何時も所謂温情で都合好く進んで参つたやうに思ひます、併し事物の変化若くは進歩は年一年と変つて、機械工業が段々盛になりますれば、前に申す有様を勢ひ変化せざるを得ませぬ、此変化は年一年と進んで参つて、数年前の欧羅巴戦乱に及ぶ頃迄に、業に既に大なる、昔日とは有様を変へて参つたのでございます、故に或は欧羅巴伝来の事業に依つて経営する大きな会社などには、十分彼の宜しきを採つて、其仕組も殆ど完全に備つて居つたのもございます、併ながら又一方には、昔の有様を維持して居つたのも、なきを保たぬと申して宜しいやうに思ひます、斯の如き有様から、事業主と之に従事する労働者の間柄には、何かの方法がなければならぬと云ふことは、政治上からも社会の上からも、亦経済上からも種々論じ来つては居りましたが、未だ今茲に斯くあつたら宜しからうと云ふ、一定の政策を見ることは出来ぬと申して宜からうと思ふのでございます、我政府は早く茲に見る所あつて、工場法も備へられてゐる、其他法律上の整備もございますけれども、併し殊に此四・五年の欧羅巴戦乱は、前に申上げました事業上に厳しい変化を与へて一方には此実際の変化と共に、物質以外の思想上に亦大なる変化を惹起しましたのでございます、此思想上の変化は、既に国際聯盟が労働問題に干与されると云ふが如きは、世界の風が我日本に強く吹き廻して来ると云うことは、私の喋々を要さぬでも御諒知のことでございますが、右等の有様は、業に既に旧態を変化しつゝある我事業界に、大なる変化を惹起さゞるを得ぬのは、能く考へて見ますと、皆当然と申しても敢て過言でなからうかと思ふのでございます、果して然り、近頃の種々なる資本家・労働者の間に物議を惹起しますのは、前に申上げます理由が、即ち事実に於て現はれ来るものと申しても差し支えなからうと思ふのでございます、前に申上げました通り、徳川公爵・清浦子爵・大岡衆議院議長、並に私、此の四人が斯る事柄に付て十分に学理上から大なる研究をしたか、実際上から大なる経験があるか、斯う御尋ねを蒙りましたならば、否ないとしか申上げられませぬ、併ながら是は甚だ大事なことであると云ふ観念だけは、満堂の諸君皆思召してござるが、吾ゝも諸君に譲らぬ心配をすると云ふ点だけは持つて居るのでございます、前に申上げますような進みからは、或は恐る、早く牖戸《ゆうこ》を綢繆《ちゅうびゅう》しなかつたならば、天の陰雨に如何にして之を応へて宜しからうかと云ふことを思ふのは、即ち友情の深い常であらうと思うのでございます、或は労働組合をずん〳〵作らして、彼と是とを相並び走るやうにしたら宜からう、又或場合には政府は相当なる法に依つて、検束すべきは検束し、折合ふべきは折合はせることは、何ぞ難きことあらん、と云ふことも言ひ得られませうけれども、前に申す俄の変遷と云ふものは、唯それだけの一片の道理で円満に物が進んで往くと云ふことも、如何あらうかと私共懸念致すのでございます、或は資本者側から申しますと、どうも今日労働者は自己の信念が乏しい、所謂優遇すれば益ゝ望みを強くすると云ふ嫌がある、果して、時を大切にして実に能率に力を入れる、我職務の分界を明かに理解する、と云ふことが出来ぬ、而して自分等は大なる資本を以て此事業を企てる、唯それのみに力を尽す、労働者の待遇にのみ力を尽すことは出来ぬではないか故に余り満足を論ずれば、益〻事業を困難たらしむると云ふ、又彼是と論理を進める、其進める論理は寧ろ議論を生ずるの嫌を惹起す訳になる、寧ろ成べく黙して呉れるのを好むと云ふやうな有様が、先づ近頃迄は押並べて風習と申して宜かつたやうでございます、前に申す欧羅巴的事業に依つて、矢張大なる会社の経営は皆今私の申述べたやうなとは申上げませぬけれども、先づ一般に概言すれば、資本者側の労働者に対する概括的の評論は、今のやうな有様と申して宜からうと思ふ、之に反して労働者側は大に其見解を異にする、殊に今申上げました通り、時代の変化、即ち諸物価の昂騰、生活の困難、且茲に現然現はれて来たのは、其事業に対する俄の利益、此俄の利益は一般に感謝致しますが、労働者は殊更に著しく能く見える訳である、会社即ち資本主側では平生一割、一割二分の利益は適当なものとして居るのが数割の利益を得られますが、労働者に対しては唯事務に処する労役に就くだけであるから、それだけの報酬しかない、斯の如きは適当な方法でないと云ふ観念を起こすのも、無理ならぬのでございます、況《いわ》んや此の事に付ては、知識階級の方面から、欧羅巴のそれに見習ひ聞き倣《なら》ひまして、種々なる論説が其間に生じて、彼等の心をして成程と云ふ思入を起こさしむるに於てをや、今日の懸念します点が、唯単に今の資本労働の両者の間にのみあるとは申しませぬが、現に屢々《しばしば》見ます所は、甚だ是は憂ふべきことゝ存じ上げるのでございます、私共の此会の組織を惹起しました原因は、既に其筋に於て、即ち此の処に内務大臣も御出席下すつて居らつしやいますが、御職務柄頻りに深く御注意なすつて、吾〻も懸念する、此懸念と懸念が相集まつて、茲に打寄つて、何かの方法がなければなるまいと云ふことの評議の数回の議を経まして、茲に一会を組織すると云ふことに立至りました訳で、前段に申上げます通り、私共に十分なる所見、又完全なる成竹《せいちく》を以て組立つた訳ではございませぬので、幸に段々吾々の意見を進行して参るに付て、独り内務大臣のみならず、大体の政府の御意嚮を能く伺はなければならぬと考へまして、御臨席を頂いた総理大臣にも出ますし、農商務大臣にも伺ひ、彼是致して、茲にどうしても、此会を設立するが必要と考へまして、遂に此会を起すと云ふことに私共四人一決致して、即ち或は実業家側、或は政治家側、或は学者側、各方面の一応の御意見も伺ひまして、数度の協議を経まして、勢ひどうしても此会を組織するを必要と自から考へました為めに、前段申上げました通り、殊に私などは御覧の通りの殆ど老衰致した身体ではございますけれども、例へ所謂夕に死すとも、朝に道を聞いて務めと致さなければならぬこと、考へます所から、自から奮つて、所謂斃れて已むの所存を以て此の会を組織したいと企てた所以でございます、此会の起るに付て、或は一寸一般の誤解を持つて居る辺がありはせんかと思ひますから、御集まりの皆様方には必ずないと考へますけれども、一言の弁駁《べんばく》を致して置きたいと思ひますが、甚しきは、労働組合を作るが宜からうと云ふ世間の声が高い、政府はそれを作るを躊躇してござる、躊躇してござる所から、先づ斯るものを中間組織に作られて、それで様子を見たら宜からう、斯う云ふやうなる、平たく申すと、其或事柄の必要を事曖昧に附するが如き、浅い考で組立てた如く誹謗される点があるやうでございます、是は私共甚だ遺憾に存じますので、不肖ながら吾々此会を起して、社会に問ふてやつて見たいと思ふのは、或は是は物笑ひになるかは知りませぬけれども、仮令自から量らぬ行為と雖も、所謂至誠を以て斃れて已むの所存でなければならぬ、殊に此時代頗る必要なことである、其必要なことに向つて、苟《いやしく》も一言発して、之を是非やらねばならぬと云ふことは、前に申上げますやうな事柄に於て組立て得られるものでありませうか、若しさう云ふことを、或は文筆に従事する諸君などでも御聞込下すつたならば、是は全く間違であると云ふことの、十分なる御理解を願ひたいと思ふのでございます、

【出典】「労資協調会発起人会議速記録」一九一九年八月一六日（渋沢青淵記念財団竜門社編　一九五五―六五、第三一巻、四六七～四七〇頁）。

協調会の設立動機として渋沢は、第一次世界大戦を通じて世界が物質的にも思想的にも大きな変革を遂げており、世界の風潮が日本に対して大変に厳しくなっていて、従来の温情主義的な考えではとてもこの風潮に対処できないと言い切っている。当時、鐘紡の武藤山治たちを中心として日本の財界ではまだまだ声高に「温情主義」「家族主義」が信じられ主張されていた時に、彼らよりもはるかに年長の渋沢がこのように温情主義の限界をはっきりと表明していることは驚くべき事実である。

さらにその鉾先はどちらかと言うと経営者側に向かっている。労働者を甘やかせばどんどん自己主張してくるだけの劣った存在とみなす風潮を戒め、正当な分配を要求することを当たり前のこととして是認している。さらには労働組合を公認していくことも明言し、協調会が組合代行機関とみなされることを明確に否定している。その力強さは御年七九歳の老人とはおよそ想像することができない明快さであろう。

そこから七年ほどを経た大正の末、渋沢が八六歳を迎えた時期の談話ではその舌鋒はますます明快である。経営者側に対してはまず、労使協調や労働組合法の制定を推進する渋沢に対する財界の無理解を嘆き、いつまでも労働者の人格を認めず労働者を商品のようにみなす経営者の態度を痛烈に批判している。一方で過激さを増すばかりの労働者側の手法に対してもそれでは溝は深まる一方で何ら解決にならないことを注意している。

このような苦悩が深まるばかりの発言の裏には、なかなか思うようにいかない協調会の活動そのものへの不満が横たわっていた。一九一九年の一二月に発足した協調会は、その実質的な運営者である常務理事には法学博士の桑田熊蔵、松岡均平の二人と元福岡県知事谷口留五郎が就任した。谷口は庶務部長を、松岡は事業部長を、桑田は調査部長を兼任し、事業部において宣伝および労働争議を担当し、調査部において社会政策に関する一般の調査を受け持った。

しかしながら、この三人による常務理事体制は一年もたたないうちに崩壊した。まず、一九二〇年四月に松岡が第二回国際労働会議の政府委員に選ばれ辞任し、同年一〇月には桑田、谷口両人も辞任した。桑田の辞任に関しては渋沢が「私の意見としては事業部の活動を望み各会社の人々や労働者とも接触して実際的に研究し、資本家対労働者との協調を図り、又は失業者に対する職業紹介にも骨を折りたいのであるが、事業部長であった松岡均平博士が去って調査部長桑田熊蔵博士が之れを兼務することになったが、同博士はこの事業部に重きを置かず調査部と合併した方がいいとの意見である、併し私は事業部に重きを置いて居るので此の処に意見の相違を来し、遺憾乍ら桑田博士の辞職を見るに至った次第である」と述べている（島田　一九九〇、四四〜四五頁）。

三人が去った後、常務理事に就任したのは、前内務省地方局長添田敬一郎、元鉄道省経理局長永井亨、前内務書記官田沢義鋪の三人であった。これら三人の経歴からわかるように、内務省色の強い人選であった。と同時に、永井常務理事が「当時の協調会は半ば梁山伯の観を呈していた」と回想で述べているように、新常務理事三人は、添田が労働争議の調停と労働委員会の設置、永井が労働法案の建議、田沢が修養団式の労務者講習会を推進し、前任者の時と同様、相対立する思想を内包した寄り合い所帯のままの再出発であった（矢次編　一九六五、一八〇頁）。

田沢義鋪は、青年団運動の主導者として知られている。東大卒業後に内務省に入省し、静岡県の安倍郡長として青年団活動と接し、修養団の天幕講習会（テントを張っての共同生活体験）を形づくっていった人物である。修養団式講習会とは「我等は労務者たる前に先づ人であることをモットーとし」、「講師も講習員も寝食起居を共にし、全生活を通じて、人生に対する正しい信念を養ひ、之によって人の人たる道を明にすると同時に、社会問題、労働問題等に対する正しい理解を進めて、社会の健全なる進歩発達に貢献せんとする」目的をもっておこなわれた（同、三六頁、協調会編　一九二九、九四五頁）。青年団運動、修養団、協調会と三つの組織に関与していた田沢であったが、一九二四年の平沼騏一郎の修養団団長就任と相前後するように修養団からは距離を置き始め、二五年に理事を辞任している。また協調会も一九二四年に衆議院選挙立候補を理由に辞任しており、一九二一年の財団法人日本青年館の創設理事、三四年の大日本青年団理事長就任と青年団運動に一本化していった（木下　一九九五、一九九七、武田　一九八七）。

三者の中で永井の活動に対して新聞からは多額の金を調査・研究に使っているだけで何ら効果がないと叩かれ、経営者サイドからはその進歩的な発言が嫌われ遂に辞任に追込まれた。永井は、「渋沢副会長とは労働争議に関する見解を異にし、資本家、経営者に対しては前述の如き政策を公にして毫《いささか》も憚らなかったから、遂に大正の末年工業倶楽部より渋沢副会長に対し私の退任を迫り、同副会長より私に対して辞表提出方を申し渡された」と自ら語っているように一九二六年、辞任に追込まれたのであった（矢次編　一九六五、一八一頁）。

一九二〇年代の後半、協調会の主要な活動として最後に残ったものが労働争議の調停であった。労働争議の調停活動は、渋沢が、協調会の設立当初から望んでいたものであった。争議調停活動を実際に推進したのが、添田敬一郎常務理事であった。『添田敬一郎伝』に「添田氏は協調会の常務理事となって、労働争議調停を受け持って以来、最後までそれが氏の主要任務であった」と書かれているように、常務理事自らが率先して争議調停をおこなった（添田敬一郎伝編集委員会編　一九五五、七〇頁）。協調会は、総同盟のような穏健な労働組合を育成するため、争議が経済闘争の場合には比較的労働側に有利な調停をおこなった。しかしながら、政治闘争や感情的な闘争の場合にはあくまで争議の早期解決を主眼に置いた調停結果となった。このような協調会の調停方針を見ると、穏健な労働組合の育成という方針があったことがはっきりとわかる。協調会は、総同盟と調停交渉をおこなう場合、協調会と総同盟の両者が共に調停者の機能を担い、協調会は会社側調停者の役割を果たし、総同盟は労働側調停者の役割を果たした。協調会の調停活動は、いわば経営者統合であり、総同盟による労働者統合ならびに調停利用方針と組合わすことで、協調的な労使関係の形成にある程度成功したのであった。

【参考文献】

木下順（一九九五）「日本社会政策史の探求（上）　地方改良、修養団、協調会」『国学院経済学』第四四巻第一号。

木下順（一九九七）「協調会の労務者講習会」『大原社会問題研究所雑誌』第四五八号。

協調会編（一九二九）『最近の社会運動』協調会。

島田昌和（一九九〇）「渋沢栄一の労使観と協調会」『渋沢研究』創刊号、渋沢史料館。

島田昌和（二〇〇八）「渋沢栄一の労使観の進化プロセス」橘川武郎、島田昌和編『進化の経営史』有斐閣。

添田敬一郎伝編集委員会編（一九五五）『添田敬一郎伝』添田敬一郎君記念会。

武田清子（一九八七）『日本リベラリズムの稜線』岩波書店。

矢次一夫編（一九六五）『財団法人協調会史――財団法人協調会三十年の歩み』偕和会。

由井常彦、島田昌和（一九九五）「経営者の企業観・労働観」由井常彦、大東英祐編『大企業時代の到来』岩波書店。

結　孫の敬三が引き継いだもの——戦後処理を担った大蔵大臣

渋沢栄一の孫・敬三はわずか一七歳という多感な青年期に人生の進路を激変させる事柄に遭遇する。それは栄一を引き継ぐべき父・篤二が女性問題を理由として渋沢家から廃嫡され、敬三少年に渋沢家の未来を託すという決定がなされたことであった。父・篤二は熊本にいた高校生の頃から女性におぼれる事件を起こしており、廃嫡の直接の理由となった芸者との関係も突如生じたものではないようであり、敬三少年にとっては父の姿、温かい家庭というものを身近なものとして育ったとはとても思えない。そして彼は渋沢家の跡を継ぐ父を突然失い、自分で人生の選択をする余地をほとんどまったく与えられず、敬三の同級生土屋喬雄が後に名付けるところの「日本資本主義の最高指導者」のあとを継ぐことを運命づけられる。

あまりに重すぎる事態に敬三少年は不眠症となり、学校を落第してしまう。落第して入った一級下のクラスのことを書いた作文が残っている。

桐の葉陰

オイこれをやろうじゃないかと誰かが云ふと、うんよしきたと皆が一致したのは田代(重徳)等の級の特長であった。今の級に入らぬ前の僕はそれが最良の級風であって、こうでない級は皆だめだと自ら誇って居た。学級会では自分の級の反省ばかりしていた。これが理想に近いと思って居た。故に僕は今の級が悪い級、困る級だと思って居た。落第した僕は意外な感に打たれた。第一、僕は何だか独逸から仏蘭西へ来た様な気がした。やかましい理屈ばった岩山から、優しい、自由な草原へほをり出された様な気がした。岩山の理屈ばった所を最良として居た自分は又草原の自由が好きになった。理屈ばかりが最良ではないと思った。それと同時に級としての団結の薄い、又級としてのまとまりの最上とは行かぬ此の級に新たに友の暖か味、したはしい友情と云ふものを見出すことが出来た。これはやがて僕の性質にまで変化を及ぼしたことと思って居る。今の学級会はだめだと聞いていたが、三年の一学期、始めて出席すると、これはしたり、実に大したもので、演説、朗読、準備、会場設備、出席人員何一つ可ならざる所無い。自分は大いに今までの不明を恥じて、之の級の学級会雑誌に他の級をおろそかに評価すべからざるを大いに書き立て、又一部の人に話した。之れが元で一時は大いに憎まれものとなって困ったこともあった。自分は全く相反した善い級風、即ち相反した長所短所を持った二つの級に三年づつ居たので級風と云ふものが如何にその級の人達を支配するかを知ることが出来た。自分がこの卒業に際して諸君と大いに感を異にして居る点は此所である。前の級の長所は此の級の短所で、此の級の長所は前の級の短所であったことは疑ひもない事実であったと思ふのである。

【出典】「桐の葉陰」、「桐葉会」雑誌（渋沢敬三伝記編纂刊行会　一九七九、七三八〜七三九頁）。

順調な人生のはずが、突如歯車が狂いはじめ暗黒の世界に突き落されたような思いに覆われる。しかし、そこから視点を変えて立ち向かおうとする敬三の姿勢を感じようとするのは、深読みし過ぎだろうか。

東京帝国大学進学に際しては、敬三は農学を勉強したかったのであるが、それさえも経済界で働くベースとして経済学部へ進学するよう栄一に説得されてしまう。日本資本主義の最高指導者に丁寧に諭すように頼み込まれては、繊細な心の持ち主であり、家族愛に飢えた敬三はとても断ることはできなかったろう。東京帝国大学卒業時の栄一による敬三の祝賀会での「訓示」が残されている。

渋沢敬三東京帝国大学卒業祝賀会「訓示」

斯《か》かる高等学府の業を卒へて是から世に立つには如何にしたら宜からうかと云ふことに就ても、私の是までの経過から推及して、どうか実業界の人たらしめたいと云ふ希望であります。当人も亦是《これ》まで相当に心を用ひました。今夕の会合は親戚のみでありますのに、特に佐々木頭取にお出を戴いたことを深く有難く存じます。従来の御別懇から色々御高配下されて御親切に斯くあつたら宜からうと云ふ御示までも頂戴したことは、私も亦、穂積・阪谷〔栄一娘の夫、穂積陳重と阪谷芳郎のこと〕と共に拝承しましたけれども、種々親戚協議の末果して完全なる他人の冷飯を食べ尽すことが出来るかは分りませぬけれども、成たけお坊ちやんで世に立つ様に致し度くないと云ふ考から、遂に阪谷男爵の言はれる通り、銀行者となるにしても、先づ横浜正金銀行にお使ひを願つて、相当の苦辛を以て銀行一通りの事務に練熟して、それから何れにならうとも、金融機関の初歩を順序よく履んで行きたいと云ふのが、当人の志願で此に至つたのでございます。是等の事は老衰した私が余りに心配するも老婆心に過ぎるやうになりますけれども、今日百事の相談が熟して斯く親戚相寄つて、当人の学校の終り、実業界の入門を祝すると云ふことは、此老人が衷心から喜ばざるを得ぬのでございます。実に涙の零《こぼ》れる程嬉しく思ふのでございます。

私は斯く大勢親戚が集ると、自然と昔を思ひ出して、実に人は奇異のものである、六十年前に死を決した我身が斯様に変化するものかと云ふ感想を起して、二十四五若くは其前の自己を追懐し、限りない感慨を生ずるのであります。当時我が家を出まする頃には、軈《やが》て骨になつて引取られるであらう、妻子の顔さへ見ることは出来ぬと云ふ覚悟であつた。然るに今日此孫に就て其学業の卒つたのを喜び又其将来を祝すると云ふが如きことは、真に心に予期する所ではなかつた。其初は僅少の人数が、追々に家庭が蕃衍《はんえん》して種々なる方面の親族集合し、学者もあれば政事家もある、実業家もあつて、各方面に増殖すると云ふことは、真に私を幸福者だと世間の人が祝つて下さるであらうが、私自身も是は喜ばなければならぬのであります。実に斯くあつてこそ年は取りたいものである。洵《まこと》に一身の幸福と云うても宜しいが、又或る場合には命長ければ恥多しと云ふ感想を起さざるを得ぬこともあります。例へば今阪谷氏が言はれた敬三の父の病気の如きは即ち私の茲に喜びと共に憂への言葉を加へざるを得ぬのであります。洵に人は或時は喜び又或時は憂へるも亦免れぬ運命であります。穂積博士の言の如く人は唯其身を慎しむとか行を戒めるとか云ふばかりでなく、積極的に世に処すると云ふことを常に心に存せねばならぬと云ふことは、私もどうぞ斯心を以て世に立つことを忘れぬやうと申し示して置きたいのでございます。惟ふに人の世に処するには欠点ないやうにはありたいけれども、併し其覚悟が常に進取的であつて常に静止せぬと云ふ心掛を持たぬと真成の進歩を見る訳には行かぬから、過ちなからしむることを心掛るは勿論でありますが、何処までも積極なる精神を取失はぬやうにしたいのであります。蓋し渋沢の主義は勿論貨財を積んで世に富を衒《てら》はうと云ふ観念は微塵も無いのだ。さらばと云うて世に立つ以上は幾分の家産を保たなければならぬ。世間に面目を維持して行くだけの家産はなければならぬ。私の居常主張する仁義道徳と生産殖利との一致を図ると云ふ所が其処であらうと思ふ。併し優れた才能を以て一代に大なる富を成す人も賞讃せざるを得ぬけれども、果してそれだけが必ず国家に忠良なる臣民とのみは言へぬのである。或は自己の富は別として他の方面に於て国家社会に対して必要欠くべからざる人となり得ることも亦人の最も敬重すべき所であります。而して敬三の祖父たる栄一の期する所は此処である。蓋し私は当初から一身の富を成さうと云ふ主義でなかつたから此主義を飽迄も貫徹して行きたい又私の後継者も、どうぞさう云ふことにして貰ひたいと希望する。但し後来幾千年必ず一様に規束するではありませぬけれども、私の覚悟と云ふものは、自己の資産をば唯人の厄介にならぬ程度に存して、さうして一家の事は勿論一邑一郷、更に国家に対して充分なる貢献が出来ると云ふことを、人たる者の主眼と致したい。是は単に理論のみに拠ると一方に偏《へん》するか或は空理に傾くか又は物質に走りて唯自己の利益のみを思ふやうになる。其弁別を飽迄《あくまで》も注意して肝腎の主義を取り失はぬやうにして貫ひたいのである。

【出典】渋沢敬三東京帝国大学卒業祝賀会「訓示」、「青淵先生演説速記集」一九二一年五月二一日（渋沢青淵記念財団竜門社編 一九六六—七一、別巻第五、二九二〜二九三頁）。

どれだけ栄一の期待が高く、敬三がどれだけ大きなものを背負ったのかがひしひしと伝わる「訓示」である。卒業後、横浜正金銀行に入行し、まさに海外の空気を吸って勉強するためにロンドン支店勤務にしてもらう。社会主義やイギリス労働党など、日本にいては自由に学ぶことができなくなりつつあった幅広い思想、政治活動に広く眼を向け、まさに自由に勉強・充電した時期であった。それでも忘れることのできなかったのは、縁の薄い父のことであり、父に自分と同じように洋行の機会を与えた上で第一銀行に戻してくれないかという懇願の手紙を遠いロンドンから栄一に送るのであった（渋沢敬三伝記編纂刊行会 一九七九、一五六頁）。

一九三一年に栄一が亡くなり、第一銀行で頭取となるべく英才教育の日々が続き、日本は戦時体制へ突入していく。敬三は日本銀行副総裁から総裁となり、国家の金融政策を担うが、何の意思発動もできない役割に嵌め込まれていってしまう。逼塞する生活を経て何もなくなった、それどころか、戦前・戦中の後始末をしながらのマイナスからの再出発にあたって、国家財政再建の旗振り役＝幣原喜重郎内閣の大蔵大臣に一九四五年に就任する。「日本資本主義の最高指導者」の跡継ぎとして、背負う必要のない重い責任を背負うことを、渋沢家に生まれた人間としての使命と覚悟し、財閥指定、財産没収、財産税としての三田の自邸の土地建物の物納と、戦前・戦時を責任ある地位にいた人間としての責任の示し方を率先垂範した。新円切り換え・預金封鎖という多くの人に痛みを分かった経済再建に体を張って立ち向かっていった。

一七歳で自分の人生の進路を決められ、父に人間として、渋沢家の当主として、財界リーダーとして、その背から学ぶことができなかった敬三が、どうしてこのような過酷な運命を自ら積極的に受け入れ、行動することができたのであろうか。

それこそがこの本にその一端を紹介した栄一の多くのメッセージだったのではないか。「自分には到底真似が出来ない」とはとても言い出すことのできないほど、日本社会に真剣に対峙し、自らの行動で切り開いた栄一の生の声に宿った重みだったのであろう。血の繋がった人間だけでなく、多くの人々がその謦咳に触れ、受けた影響の大きさを改めて感じて、我々が今、何をしなければいけないかを考える一助となるならば幸いである。

【参考文献】

渋沢雅英(一九六六)『父・渋沢敬三』実業之日本社。
渋沢敬三伝記編纂刊行会(一九七九)『渋沢敬三 上』渋沢敬三伝記編纂刊行会。
渋沢青淵記念財団竜門社編(一九六六―七一)『渋沢栄一伝記資料』〔別巻一〇巻〕、渋沢青淵記念財団竜門社。

あとがき

渋沢栄一の研究を始めた大学院生の頃、『論語と算盤』の渋沢栄一であるからやはり経営理念や経済思想から渋沢にアプローチすべきと考えた。しかし、日本思想史、儒教や儒学の理解、中国古典理解と研究のベースとして必要な領域は果てしなく広く深かった。同時に渋沢は思想家ではない、正統な論語理解ではない、体系的な思想の著述がない、という多くの研究者の認識もあり、自分が研究者として思想史的にアプローチして何らかの成果を見出せるものなのか自信を持つことが到底できなかった。

その後、経営者としての渋沢の行動分析に軸足を移したわけだが、この最初に挫折した領域に対する何らかの自分なりのアプローチをいつか形にしたいとの思いを頭の片隅に置き続けていた。そんな中、『岩波講座「帝国」日本の学知 第二巻』(二〇〇六年)でお世話になった編集者の髙橋弘さんが私の研究室を訪ねてきてくださった。岩波書店が出す新しいシリーズに書きませんか、というありがたいお誘いであった。その時、すぐに頭に浮かんだのが、考えはじめていたアイデアである「渋沢のスピーチ」へスポットを当てることであった。

『渋沢栄一伝記資料』には渋沢の演説、挨拶などを文字におこした膨大な資料が掲載されている。

渋沢は、きわめて多数のスピーチをこなして、多くの人がその話を耳にし、さらにそれが活字に起こされて流布されていたことがわかる。そこには興味深い特徴があった。渋沢の名前によって出版された著述には『論語』の一節を引用し、その独自の解釈をとうとうと語るものが多いのに対して、スピーチでは直接『論語』を引いて語ることが少ないのである。さらに著作物は『論語』に言及することが多いためか堅苦しさ、まじめさ、説教臭さを醸し出しているのに対し、人々に生で話しかける時の渋沢は実に情熱的な語り口であり、時に言葉は激しく、全く別人のようなのである。人々がその情熱的な語り口に引き込まれたであろうことは活字に起こされたものを読んでいても伝わってくるのである。

同時に渋沢は新聞・雑誌といったメディアに積極的に見解を表明する言論人の一面も併せ持っていた。ここでもあまり『論語』に言及せずに、自らの行動に根ざし、さまざまな場面に何を考え、行動選択をしたのか、どうなるべきなのかを語っていた。そこには共通する考えや思いが流れ、苦悩し挫折しながらも行動を起こす中で少しでも答えに近づこうとするスタンスが見えてくる。人々にはそんな渋沢の行動力に根ざした先を見る目から何らかのヒントを得たくて、渋沢の談話に読みふけったのだろう。

このような側面を伝えている渋沢に関する書籍は私の目から見ると皆無と言ってよく、『論語』が前面に出ないメッセージとその背景の理解こそが長年アプローチを見出せなかった言論人・渋沢への私なりの一つの読み解きである。渋沢には表に出さずとも『論語』という普遍的な古典に依拠することでの確固たる軸があった。同時に目まぐるしく変化する社会の中心に立って、いかなる難問であろうとも、ひるまずあきらめず立ち向かい、前向きに行動した。それも一人でことに当たるのではなく、大勢の人と関わりながら解決の糸口を見出そうとした。そして率直に語って大勢の人を引き込む力があった。今後、機会があれば、渋沢が置かれた個別状況に対する発言をもとに、渋沢の描いた社会像の変化をさらに明確にする作業をしたいものである。

最後に企画のスタートからお世話になり、予定より相当遅れたこの原稿に辛抱強くおつきあいいただいた岩波書店編集部の髙橋弘さんにこの場をお借りして御礼申し上げたい。だんだんと大学運営の責任が重くなる中、渋沢の言葉の力に頼りながらも一冊の本を編み出すことができたことに深く感謝したい。

二〇一四年六月

島田　昌和

島田昌和
1961年生まれ．早稲田大学大学院経済学研究科経済学修士号取得，明治大学大学院経営学研究科博士課程単位取得満期中退，経営学博士(明治大学)．現在，文京学院大学経営学部教授．専攻は日本経営史．
著書に，
『渋沢栄一の企業者活動の研究——戦前期企業システムの創出と出資者経営者の役割』(日本経済評論社，2007年)，
『渋沢栄一　社会企業家の先駆者』(岩波新書，2011年)，
『渋沢栄一と人づくり』(共編著，有斐閣，2013年)，『進化の経営史——人と組織のフレキシビリティ』(共編著，有斐閣，2008年)
など．

岩波現代全書 039
原典でよむ 渋沢栄一のメッセージ

2014年7月18日　第1刷発行

編　者　島田昌和《しまだまさかず》

発行者　岡本　厚

発行所　株式会社 岩波書店
〒101-8002 東京都千代田区一ツ橋 2-5-5
電話案内 03-5210-4000
http://www.iwanami.co.jp/

印刷・三秀舎　カバー・半七印刷　製本・三水舎

ISBN 978-4-00-029139-2　　Printed in Japan

岩波現代全書発刊に際して

いまここに到来しつつあるのはいかなる時代なのか。新しい世界への転換が実感されながらも、情況は錯綜し多様化している。先人たちは、山積する同時代の難題に直面しつつ、解を求めて学術を頼りに知的格闘を続けてきた。その学術は、いま既存の制度や細分化した学界に安住し、社会との接点を見失ってはいないだろうか。メディアは、事実を探求し真実を伝えることよりも、時流にとらわれ通念に迎合する傾向を強めてはいないだろうか。

現在に立ち向かい、未来を生きぬくために、求められる学術の条件が三つある。第一に、現代社会の裾野と標高を見極めようとする真摯な探究心である。第二に、今日的課題に向き合い、人類が営々と蓄積してきた知的公共財を汲みとる構想力である。第三に、学術とメディアと社会の間を往還するしなやかな感性である。様々な分野で研究の最前線を行く知性を見出し、諸科学の構造解析力を出版活動に活かしていくことは、必ずや「知」の基盤強化に寄与することだろう。

岩波書店創業者の岩波茂雄は、創業二〇年目の一九三三年、「現代学術の普及」を旨に「岩波全書」を発刊した。学術は同時代の人々が投げかける生々しい問題群に向き合い、公論を交わし、積極的な提言をおこなうという任務を負っていた。人々もまた学術の成果を思考と行動の糧としていた。「岩波全書」の理念を継承し、学術の初志に立ちかえり、現代の諸問題を受けとめ、全分野の最新最良の成果を、好学の読書子に送り続けていきたい。その願いを込めて、創業百年の今年、ここに「岩波現代全書」を創刊する。

（二〇一三年六月）